〈聖なるもの〉を撮る

宗教学者と写真家による共創と対話

港 千尋
Minato Chihiro
平藤喜久子
Hirafuji Kikuko
編

山川出版社

〈聖なるもの〉を撮ることとは――「はじめに」に代えて

編者 港 千尋・平藤喜久子

宗教学者と写真家のコラボレーションがもたらすもの

平藤 本書は、〈聖なるもの〉に取り組んでいる宗教学者と写真家がコラボレーションして、それぞれの立場からどのように対象と向き合っているのかを書いていく、というこれまでにない試みになっています。

きっかけは、私自身、調査先などで自ら写真を撮るうちに、写真家が写真を撮ることは、研究者が文章を書くことと、じつは同じ意味を持っているんじゃないかと思いはじめたことでした。

一九八〇年代に刊行されて話題をよんだ、ジェイムズ・クリフォードらアメリカの文化人類学者たちによる『文化を書く』(邦訳版。紀伊國屋書店、一九九六)という本があります。

私たちは見たものや調査したことについて研究者という客観的な立場から書いていると思っているけれども、そこには書き手自身がどういう文化的な背景を持っているのか、書き手と書かれる側、調査する側とされる側、そういったさまざまな関係性の影響を受けている。だからある文化について何かを書くという行為は、客観的なようで、必ずしもそうではないんだという内容を含んでいました。研究者として論文を書いたり、授業などで話をするときに、今も足下を見つめ直すようにこの本を想起することがあります。

いろいろな写真家の方にお話を聞くと、写真を撮るという行為も同じで、誰が撮ったのか、どういう条件で撮ったのかによって全然違うものになり、そもそも写真は、撮る側の「伝える」という意思を表しているんだと考えるようになりました。

そう考えると、書く技術が足りなければ研究内容が十分に伝わらないように、写真を撮る技術が足りなければ、同じように研究、調査の内容が伝わりません。つまり研究者も写真を撮る技術について書くことと同じように学ばなければいけないことになります。また、同じ〈聖なるもの〉を対象にしているのであれば、書くことと撮ることには重なりあうものがあるのではないか、と考え、港さんに相談をし、まず研究会が生まれました。そして同じような問題意識を共有していた人びとが集い、本書が実現することになったのです。

港　写真にはいろいろなジャンルがあって、聖地や祭りは、これまで世界各地で撮られてきた、それぞれが大きなテーマです。それらを本書のように、〈聖なるもの〉というくくりで考え直してみることで、まったく違うジャンルで活動してきた写真家や映像の人たちが、一緒の場で成果を発表できるようになりました。

また、研究者の方とこういう形でのコラボレーションは、我われ写真家にとって新鮮です。写真家はもっぱら感性と肉体を使う仕事です。いっぽうで、研究という行為は、文字を通して伝える、純粋で知的な作業ですが、両者がこういう場でお互いの知見を交換することで、何か新しいものが生まれてくるのではないか、地平が広がっていくような感じがします。

宗教学でも民俗学でも、おそらく言葉で語り得る限界があると思うんです。ここまでは言葉にできるけれど、ここから先はいろんな理由でできない。その限界の先にイメージの世界がある。ただイメージでもここまでは表わすけれども、その先は言葉でなければどうしても理解できないという、お互いの際というんですかね、お互いの境界がクロスするところで次のステップが見えてくるかもしれない。

その意味でチャレンジングな試みだと思いますし、何より、そのチャレンジをしている人たちが、とても熱い文章、作品を寄せていますので、構成に携わっている自分がいちばん興奮しているかもしれません。

本書の構成と執筆者について

平藤　今回執筆いただいた皆さんの簡単な紹介もさせていただきます。

　まず宗教学者の皆さんは、いずれも写真に関心をお持ちなのですが、写真そのものを研究対象にしてきたというわけではありません。ただ写真の歴史は二百年と言われますが、近代的な宗教学というのも一九世紀後半から本格的に始まっています。つまり、宗教学と写真は、同じ時代を共有してきたことになります。そこで、近代の学問分野である宗教学のなかで、写真というメディアが果たした意味について、それぞれのご専門と絡めて書いていただきました。

　本書は、三部構成になっていますが、第一部「聖なる風景」では、私が神話学の立場から「神話の風景」と題しまして、目の前にある風景と「神話的風景」のすきまのようなものを考えるという内容で書かせていただきました。

　続いて、交通網やインフラの整備とともに発展したツーリズムと近代の聖地について、山中弘さんにお書きいただきました。

　第二部「聖なる人」では、現代に生まれた新宗教とその布教活動の広がりのなかで、近代のスピリチュアルブームの中心となった「秘教家」たちの肖像について深澤英隆さん、「教祖の顔」について注目された弓山達也さんに論考をいただきました。

港　写真家のみなさんについてもご紹介します。第一部では、まず、歴代の天皇陵をすべてひとりで撮るという前人未到の偉業を成し遂げられた伊奈英次さんに、どんな思いで撮ってきたのか書いていただきました。

露口啓二さんは、長い時間をかけてアイヌの土地を、地名にこだわりながら撮ってきた方です。アイヌ語地名は北海道には普遍的にあるわけですが、その場所が実際どう見えているのか、我われは露口さんの写真を通して初めて知ることができました。

シェレンバウム・ゾエさんは、ゲニウス・ロキ、土地の守護霊に注目して、ニューカレドニアを起点にしたひじょうにスケールの大きな旅のなかから、祖先崇拝や土地の霊ということについて魅力的な作品と一緒に書いておられます。

第二部では、まず私が撮ってきたシャーマンの像について少し書きまして、甲斐啓二郎さんが祭り、それも普通はカメラを持っていけないような、群衆のなかに突っ込んでいくという、とてもスリリングな写真をどのように撮ってきたのか、なかなか聞けないお話だと思います。

それから映像人類学者である川瀬慈さん。長らくエチオピアのフィールドワークをされているのですが、そこで撮影されてきた、憑依する人、霊媒の現場を伝える、ということについて書かれています。

平藤　さらに第三部では、写真と積極的にかかわった研究者ということで、民俗学の先人たちを取りあげました。民俗学は日本では二十世紀初頭に本格化した学問ですが、柳田國男《やなぎたくにお》、折口信夫《おりくちしのぶ》、ラフカディオ・ハーン（小泉八雲《こいずみやくも》）という、民俗学の草創期に活躍した彼らが、新たな表現手段や調査手段としてどのように写真を使ったのかがわかる、ひじょうに面白い内容です。

港　また、そのなかに岡本太郎《おかもとたろう》も入っています。没後も人気が衰えることなく、展覧会が開かれれば多くの人を集めていますが、写真のイメージはあまりなかったと思うんです。じつは本書のキーワードである、宗教学、民俗学、そして写真、この三つを結ぶ交点にあるのが岡本太郎なんです。太郎は戦前のパリに留学して、文化人類学者マルセル・モースに出会い、そして〈聖なるもの〉を追求した思想家バタイユと親交を結びます。バタイユは『ドキュマン』という機関誌を発行して、そこにシュルレアリストをはじめとする書き手と詩人の作品、そして大量の写真が毎号毎号掲載されていました。その時代のパリに太郎はいて、そして戦後、とくに民俗芸能、祭りの写真をたくさん撮っているんです。その撮影技術はけっしてアマチュアではなく、それこそ土門拳《どもんけん》が瞠目《どうもく》するようなダイナミックな撮り方をしています。天才だったといえばそれまでなんですが、そういう意味で、本書全体の中心的な位置にいるのが岡本太郎だということになると思います。

いま、なぜ〈聖なるもの〉なのか

平藤　最後に、本書のタイトルにもある〈聖なるもの〉という言葉ですが、本書では、神社や神殿といった聖地、教祖や宗教者、祭りなどの儀式（に参加する人びと）などを含めた、広い意味で使用しています。

〈聖なるもの〉については、さまざまな議論が宗教学で展開してきました。本質論的な議論として、〈聖なるもの〉とは、ある場所やモノや人に宿るものだと考えることもあれば、そうではなくてそこに〈聖なるもの〉を見いだす人がいる、受け取る側こそが重要であるという考えもあります。また、〈聖なるもの〉とは、社会のなかでシンボルとして共有されているものなのだ、そんな社会こそが〈聖なるもの〉なのだといった議論もあります。

たとえば聖地巡礼というと、本当の意味での宗教的な聖地、エルサレムに行くというようなことを指していたわけですが、昨今は好きなアニメの舞台となっている地に行くことも聖地巡礼といいます。どちらも巡礼する人たちにとっては、モチベーションは変わらないともいえます。

〈聖なるもの〉とは、それを求めている人の問題だ、ともいえます。

本書を手に取ってくださった方のなかには、ふだんから寺社やパワースポットと呼ばれる場所に行き、スマホなどで写真を撮っている方も多いと思います。

本書をお読みいただき、神話学や宗教学、民俗学という研究上の視点、または写真家のアプローチや向き合い方から、「そういうところを見ていたのか」「なぜ、この場所は聖地となったのか」など、これまでとは違った感覚や気づきが得られるでしょう。そこを楽しんで読んでいただきたいと思います。

港　私としては、この本を二〇二三年に出版することができたのがとても大きいと思っています。この三年、日本はもとより、世界全体がノーマルな活動をできなくなりました。特に今回参加していただいた方々は、多かれ少なかれ旅をして、国内外いろいろな場所に足を運んで研究や制作をしてきたのに、それができなくなった点で共通しています。

そのようななかで、それぞれが何を考えていたか、それぞれの活動が再開されるタイミングで書いて発表することができたということは、とても大切なことだと思います。

また、これほど多くの人が世界中で同時期に祈ったということはいままでなかったのではないでしょうか。いままた新たな戦争が始まり、祈りは続いていますが、〈聖なるもの〉を表しているのは人間の根源的な心のありようで、それはどこかで祈りに通じると思うんです。

そういう意味で、本書は、各専門分野を超えて、すべての読者と共有できるテーマではないかとも思っています。


（了）

第2部 聖なる人

第3部　先人たちのまなざし

編集協力：三猿舎

第1部

聖なる風景

神話の風景

神話的空間と風景のすきまを考える

神話学者　平藤喜久子

神話は、わたしたち人間の暮らす場所とは異なった空間で展開する。現実にある地名が登場したとしても、それはあくまでも神話的空間だ。日本の神話であれば、出雲《いずも》や日向《ひゅうが》といった場所が登場する。しかしそれらも「神話的出雲」であり「神話的日向」である。現実の出雲と「神話的出雲」は重なるようで重ならない。

しかし、人びとはいつの頃からか現実の場に神話を見いだしてきた。「この場所であの神が〜をした」という場はあちらこちらにある。ゼウスが生まれた洞窟、ロムルスとレムスが育った丘、オオナムチ（オオクニヌシ）とスクナヒコナが暮らした岩屋。神話を重ね合わされることが納得できるような風景もあれば、なぜここだったのだろうかと考えさせられるような場もある。目の前にある風景と神話の記述とのあいだにある空隙《くうげき》。そこから神話や神への理解が深まったり、新たな解釈が生まれたりするという体験をしてきた。

黄泉の国から光の世界へ

日本神話では、死者が向かう世界を黄泉《よみ》の国という。ギリシャ神話やオリエントの神話など、多くの神話では死者の世界は地下にあるとされるが、日本の場合は地下世界にあるのか、はたまた山中にあるのか不明である。黄泉の国の位置を謎にしているのが、生者のいる葦原中国《あしはらのなかつくに》とのあいだにあるという黄泉比良坂《よもつひらさか》だ。比良坂、つまり「平らな坂」という矛盾した名をもつ。葦原中国に向かって上り坂なのか、下り坂なのか、わからないのだ。この坂は、『古事記《こじき》』によると「出雲国の伊賦夜坂《いふやさか》」であるとい

黄泉比良坂（島根県松江市）。以下、写真はすべて平藤喜久子撮影

う。島根県松江市の郊外に、その黄泉比良坂伝承地を訪ねた。『古事記』が語るように桃の木がある。入り口とおぼしき場所から足を進めるが、上りか下りかつかみきれない。薄暗い藪のなかでうねっているのだ。比良坂とはこういうものなのだと腑《ふ》に落ちた。文字だけを見つめていると、つい直線的でわかりやすい坂道をイメージしがちだ。しかし、現実の道はそうではない。うねっていたり、曲がっていたりするものなのだ。けっきょく黄泉《よみ》の国のありかはわからぬままだが、黄泉比良坂の意味はつかめたように思った。文字と風景とを重ね合わせることで得られる気づきだった。

こうして感じ取ったことを伝えるため、カメラを手にした。やみくもに神話の風景を撮っているうちに、ファインダー越しの風景は肉眼とはまた異なっているような気がした。「光」を意識するからだ。

光に誘われて、神話の風景をギリシャから出雲、対馬《つしま》へとたどってみたい。

アポロンの聖地・デルフォイ

ギリシャ神話、光といえばアポロンである。古代ギリシャで最高神ゼウスと同じほどの人気を誇っていた神だ。音楽や医術、弓術、そして知を司る神であり、光の神としてポイボス（輝

アポロン神殿跡。世界文化遺産として知られる古代ギリシャ時代の聖地「デルフォイの古代遺跡」の一角

ける)・アポロンともよばれた。デルフォイは、そのアポロン信仰の聖地である。

中央ギリシャのパルナッソス山麓に位置するデルフォイは、古代ギリシャでは世界の中心であると信じられた場所で、「へそ(オンパロス)」とよばれる石造物が置かれた。もともとは大地の女神ガイアが所有する場所であったと伝えられるが、のちにアポロンのものとなり、彼の神託を伝える聖地となった。いまは、アポロン神殿のほか劇場や宝物庫などの遺構を見ることができる。

この聖地では、紀元前五八二年から四年に一度ピュティア祭が開かれていた。楽器や歌、劇、運動や馬術など多様な競技が盛大に行われていたそうである。その勝者にはアポロンのシンボルである月桂樹の冠が与えられていた。神託を得る聖地に劇場などが備えられているのは、デルフォイには複合的なアミューズメントの施設としての性格があったからだろう。

ギリシャ中から多くの人びとを迎え入れてきたアポロン神殿には、紀元前四世紀のドーリア式の六本の柱がそびえ立つように残っている。それはポイボス・アポロンにふさわしく、山の斜面で強い日差しを受けていた。ファインダーをのぞくと、太陽の輪郭は肉眼よりもはっきり見え、光芒が神殿の柱に刺さるようだ。アポロンはしだいに太陽の神ヘリオスと同一視されるようになるが、そんなアポロンにふさわしいと思わせる聖地である。

オイディプスの風景

光明神であり、理知の神でもあるアポロンだが、他方で人や家畜に疫病をもたらし、音楽の技量を競ったマルシュアスの皮を生きたまま剝《は》ぐなど、残酷な面ももつ。アポロン神殿で神がかった巫女《みこ》を通して下される神託もまた、難解でときに意味不明ですらあった。そのため神託の意味を誤解したり、意図をくみ取り損ねたりしたために起こる不幸な出来事も伝えられる。その代表的な物語がオイディプスの話だろう。

「生みの母と交わって子をなし、父を殺すであろう」という衝撃的な神託を得たオイディプスは、育ての親であるコリントス王夫妻を実の親と信じていたため、デルフォイからコリントス

オイディプスの風景。デルフォイから西へ山道を下る山中からの眺め

とは異なった方向へと旅立った。そして三叉路にさしかかったとき、反対側から馬車に乗ってやってきた横柄な男性と争いになり、彼を打ち殺してしまう。じつはこの男性こそが実の親であるテバイの王ライオスであった。そうとは知らないオイディプスは、王の亡くなったテバイにたどり着き、人びとを苦しめていたスフィンクスの謎を解く。そして国を救った英雄として先の王の后イオカステと結ばれ、この実の母とのあいだに四人の子をもうけたのだ。

いまも繰り返し上演されているソポクレスの悲劇『オイディプス王』は、オイディプスがライオス殺害の犯人を突き止めていく過程で、彼の悲劇的な運命が白日の下にさらされていくようすを緊張感をもって描く。ギリシャ悲劇の最高傑作といっていいだろう。

デルフォイ訪問を終え、バスで西の方角へと下っていくとき、車窓から見える道が気になった。デルフォイは山の中腹といっていいような場所に位置する。車がぎりぎりすれ違えるかどうかという狭い道を縫っていくように行く。ときにはすれ違いができない箇所もある。九十九折《つづらお》りの道だ。オイディプスとライオスが出会ったのも、このような狭い道だったのだろうか。

このとき撮影した写真を眺めていると、細い道が太陽（＝アポロン）に照らされていることに気づく。オイディプスがいかに知恵を駆使して避けようとしても、アポロンが指し示している道の先に分岐はなく、その悲劇的な運命は変えられないことが示されているようだ。

ギリシャから出雲へ──つながる神話の風景

さて、デルフォイで神託を授けていた巫女の幻影を一九世紀の出雲に見いだした外国人がいた。ギリシャ生まれのラフカディオ・ハーン（小泉八雲《こいずみやくも》）である（192ページ参照）。**バジル・ホール・チェンバレン**[*1]が英訳した『古事記』を読み、日本神話の世界に魅せられていたハーンは、縁あって松江中学に英語教師として赴任し、神話にゆかりの土地を訪ね歩いた。とくに訪問を熱望していた出雲大社で、巫女舞を見る機会を得る。そのとき古代ギリシャでアポロンの神託を伝えた巫女の姿に思いを馳せたのだった。

出雲は、ハーンの生まれ故郷であるギリシャと同様に豊かな神話を伝える土地である。『古事

＊1　1850-1935。Basil Hall Chamberlain。イギリスの日本研究者。明治6年に来日し、40年弱、日本語及び古典文学の研究に邁進した。東京帝国大学名誉教授。

記』『日本書紀』にはヤマタノオロチ退治やオオクニヌシ（オオナムチ）を主人公とする神話など、いわゆる出雲神話が伝えられているが、ほかに出雲で編纂された『出雲国風土記《ふどき》』が伝える話もある。神が国を小さいと思って、遠くから土地を引っ張ってきて縫いつける国引き神話やギリシャ神話のキュクロプスを思い起こさせるような一つ目の恐ろしい鬼の話など、いわゆる記紀神話とは異なる神話世界が広がる。

　ハーンが「これほど美しい洞窟は、とうてい想像できない」とまで述べた加賀《かか》の潜戸《くけど》（島根県松江市）は、そんな風土記神話の舞台である。佐太《さだの》大神《おおかみ》という出雲の神が生まれるとき、母神が暗い岩屋を金の弓で射通してつくった洞窟だ。暑い夏の日、ハーンと同じ神話の風景を見るために加

加賀の潜戸（島根県松江市）

賀の潜戸を訪れた。小船は狭い洞窟をすり抜けるように通っていく。そのため波の高い日には出航は叶わない。三度目の挑戦だった。加賀の潜戸のそばに、もうひとつ洞門のある小島があった。佐太大神が子どもの頃に的にして弓の練習をしたという伝承がある的島《まとしま》である。船の上から加賀の潜戸と的島の洞門が重なって見える瞬間があった。なるほど神が矢を射通してつくったという話ができるのも頷ける。船から見えるこの瞬間に物語は生まれたのだ。

海の色は意外なほどに濃く、紺碧である。ハーンは、巫女の姿だけでなく、洞窟や海の色にも故郷のギリシャを感じたのではないだろうか。ギリシャと出雲は神話の風景を通してつながっているのだ。

天道法師と日光感精型神話——光の行方

日本神話というと、『古事記』『日本書紀』、そして『風土記』といった八世紀に編纂された史料に伝えられている神々の物語を指すのが一般的だ。しかし、もちろんそれ以外にも伝えられている神話はある。地方の信仰に根差した物語のなかにも神話学的にとても興味深い話がある。対馬に伝わる天道法師《てんどうほうし》（天童法師、天童とも）の出生譚もそのひとつである。

天道法師は奈良時代に対馬を中心に活躍したと伝えられる。彼の母は、日輪の光を感じて天道法師を生んだ。幼い頃からたいへん賢く、長じて僧となると、空を飛んで都に向かい、天皇の病を治すといった不思議な力を示すようになったという。

日の光を感じて妊娠をするという話は、神話学的には「日光感精型」という。[*2]**高句麗**《こうくり》の建国神話の主人公である朱蒙《しゅもう》の話がその典型だ。朱蒙の母は、日の光を浴び、卵で朱蒙を生んだと伝えられる。『古事記』にも、女性が日の光を浴びて生んだ赤玉が変じたアカルヒメという神が登場する。この女神を追って新羅《しらぎ》の王子アメノヒボコが宝物をもって来日したという話がある。豊臣秀吉《とよとみひでよし》の母が、日輪が胎内に入る夢を見て秀吉を身ごもったという伝説も有名だ。ギリシャ神話の英雄ペルセウスの場合は、ゼウスが黄金の雨となって美女に降り注ぎ妊娠された子だとする。これも日光感精型といえる。普通の人とは異なる資質や能力をもつことや、特別な人物であることを説明する話として語られてきたのであろう。

このように日の光が役割を果たす背景には、太陽への信仰がある。太陽信仰は、世界中に見られるもので、各地で太陽神は最高神の位置を占めている。信仰の表現や神話のあり方は多様だが、作物の生長など、太陽が人の生命維持に必要な食糧生産に深く関わることを考えれば当然だろう。

対馬の天道法師についても、太陽のことを「お天道様」とよぶように、太陽信仰に根ざした信仰を背景にもつことは明らかだ。対馬には、太陽や天を拝する場所があちらこちらにある。そ

＊2　古代の朝鮮半島に存在した国。4世紀初には朝鮮半島北部を領有、新羅・百済とともに朝鮮の三国時代を形成した。668年、新羅・唐連合軍に滅ぼされた。

八丁郭（長崎県対馬市）

れは、石を積んだり、山を拝する形で表現されている。

　なかでも豆酘《つつ》（長崎県対馬市厳原町浅藻）の八丁郭《はっちょうかく》は、特別な場所だ。それは天道法師の墓と伝えられる石積みで、「オソロシドコロ」とよばれた聖地にある。出雲の黄泉比良坂伝承地のような鬱蒼とした森のなかを足がすくむような思いをしながら進む。たどり着くと木々のあいだから朝の光が石積みへと差し込んでいた。天道法師を宿らせた光とはこのようなものだったのだろうか。アポロンの強い光とは異なる、優しい日差しだ。

ギリシャの太陽の写真と見比べることでさらに浮かび上がる対馬の「光」。この光の違いは光の神話とどのような関係にあるのだろうかという疑問が湧いてきた。
光に導かれながら神話の風景をたどる旅はつづいていきそうだ。

（國學院大學教授）

〈参考文献〉

『小泉八雲全集 第3巻』第一書房、一九二六年
ソポクレス『オイディプス王』（藤沢令夫訳）、岩波書店、一九六七年
永留久恵『海童と天童　対馬からみた日本の神々』大和書房、二〇〇一年
ラフカディオ・ハーン『新編　日本の面影』（池田雅之訳）、角川ソフィア文庫、二〇〇〇年
吉田敦彦『ギリシャ文化の深層』国文社、一九八四年

観光のまなざしのなかの近代の聖地――ルルドを中心に

宗教社会学者　山中　弘

カーヴァ神殿で自撮りが流行

「二〇一四年の大巡礼（ハッジ）は自撮りの年」という記事をCNNのネットニュースで読んだことがある。メッカの**カーヴァ神殿**[*1]を回る自分を撮してツイッターやフェイスブックにあげることが流行《はや》っていて、指導者たちが激怒しているといった内容だった。写真とツーリズムは切っても切れない仲だが、一般にツーリズムと区別される大巡礼にも、自撮りが入り込んでいると知って少し驚いたのを覚えている。メッカではメディナと結ぶ高速鉄道が開業し、カーヴァ神殿を真下に見下ろすホテルやショッピングモールなどがある巨大な七つの高層複合ビルも建設され、メッカのツーリズム化は確実に進んでいるようだ。

キリスト教の聖地エルサレムも、早くから観光のまなざしにさらされてきた。一九世紀のヨ

＊1　聖モスク内にあるメッカの聖地礼拝の中心地。630年、ムハンマドによってイスラームの最高の聖殿に定められた。

ーロッパ列強による中東地域への植民地拡大を背景に、エルサレムへの関心は信仰的憧れから考古学やツーリズムへと移るようになる。この変化を反映するように、一八四〇年代、現地でのスケッチに基づいてエルサレムを忠実に描いたD・ロバーツのエキゾチックでリアルなリトグラフが、エジプトなどへの考古学的関心やオリエンタリズム的好奇心を追い風におおいに売れたという。

とくに、一八六九年のスエズ運河の開通はオリエント世界を実際に旅したいという願望をかきたて、近代ツーリズムの元祖**トーマス・クック**[*2]は、こうした需要に素早く反応してエジプト、パレスチナ地域へのツアーを成功させた。クックによるツーリズムの大衆化は旅の記念としての写真の価値を高め、写真は旅に不可欠なアイテムになっていく。次ページの写真は、二〇世紀初頭のエルサレム旧市街に入る西側の門、ヤッファ門の風景である。露天で商売する人びとや荷を載せたロバが行き交うなかで、「クックの事務所は壁の内側」という案内板が見え、当時のクック社がこの地域のツーリズムを独占的に扱っていたことがうかがえる。

これに対して、日本の聖地は昔から観光のまなざしに溢れていたといっていいだろう。江戸の名所のほとんどは著名な社寺であり、当時の代表的な旅行ガイドブック『江戸名所図会《えどめいしょずえ》』全七巻（一八三四～三六）に記載されている名所千四十三件のうち五百八十四件が社寺や祠《ほこら》だという（鈴木：二〇〇一、一二〇頁）。

＊2　1808～1892。Thomas Cook。イギリスの実業家。「世界初の旅行会社」とされるトーマス・クックグループ創業者。

1890年代頃に撮影されたエルサレムの「ヤッファ門」(PPS通信社提供)

＊3　日本神話に登場する武神。鹿島神宮の祭神として知られる。

明治になると両者の親密ぶりはさらに強くなる。文明開化を象徴する鉄道敷設が大量の人びとを社寺へと運ぶことになり、ツーリズムとの結びつきをいっそう深めることになった。関西の鉄道会社は、阪急、近鉄などいずれも霊験あらたかな社寺を結んでおり、関東でも成田山《なりたさん》と京成《けいせい》電鉄、日光《にっこう》と東武《とうぶ》鉄道、川崎大師《かわさきだいし》と京浜《けいひん》急行など、現在日本の鉄道業界大手の多くは参詣鉄道としての歴史的な背景をもっているという（対馬：二〇一二、四〇頁）。

神域と写真撮影の禁止

しかし、日本の社寺をすべて観光のまなざしから見てしまうのも極端な話だろう。神社のなかには、観光のまなざしを拒絶する禁足地のあるところがある。人気の観光スポット春日大社《かすがたいしゃ》（奈良市）の神体山である御蓋山《みかさやま》（春日山）は平城京守護のために**武甕槌命**《たけみかづちのみこと》*3が降臨した場所と信じられており、特別な神事を除いて足を踏み入れてはならないところだ。聖地が世俗とは違う特別な場所だとすれば、こうした神域があるのは当然かもしれない。伊勢神宮《いせじんぐう》（三重県伊勢市。正式名称は「神宮」）で「かたじけなさに涙こぼるる」と詠んだとされる**西行**《さいぎょう》*4も、神域が喚《かん》起《き》する霊妙な力に思わず感極まったのかもしれない。

ただ、神域を原初から変わらない聖性の源だと強調するのも違和感がある。たとえば、本殿

＊4　1118〜90。平安末期の歌人。元は武士で、出家したのち諸国を遍歴しつつ多くの歌を詠み、『山家集』などを残した。

をもたない大神《おおみわ》神社（奈良県桜井市）のご神体、三輪山《みわやま》は、古《いにしえ》より聖なる山として人が踏みこむのを禁じられた神域のようにみえる。しかし、入山が厳しく規制されるようになったのは明治になってからで、江戸時代には地元の氏子《うじこ》たちが「清掃と称して自由に入山」する入会地《いりあいち》として利用されていたという（畔上：二〇一五、二五八頁）。現在では登拝できるようになっているが、写真撮影だけは認められていない。

山岳修験《しゅげん》の聖地出羽三山《でわさんざん》の奥宮、湯殿山《ゆどのさん》神社本宮《ほんぐう》（山形県鶴岡市）も写真厳禁の神域だ。ご神体は温泉が湧きだす赤茶けた巨岩で、みるからに聖性を感じさせるものだ。参拝者が近づけないわけではなく、多くの善男善女がその岩の上を順番に歩いて祈願している。ただ、写真撮影だけはかたく禁じられている。世界遺産に指定された長崎のカトリック教会群も、教会を訪れる観光客が増加するにつれて教会内部の写真撮影が禁止されるようになった。

なぜ、聖なるものと写真撮影の相性は悪いのか

聖なるものと写真撮影との相性の悪さはなにに由来するのだろうか。写真のひとつの特性である視覚の優位性と関係しているのかもしれない。美術史家北澤昭憲によれば、視覚は「へだたりを絶対の条件」としており、「見る主体を事物から疎隔し、あらゆる事物を対象と化してし

まう」。そして、近代は「視覚のはたらきを極度に、しかも一方的に発達させた」という（北澤：二〇一〇、一六九頁）。

彼の議論の直接的な対象は西洋絵画だが、近代の産物である写真もまた「あらゆる事物」を「見る主体」のもとで対象化してしまう。カメラのレンズとはまさにこの視覚の優位性を具象化したものであり、ツーリズムも同様であろう。そのためカメラを向けられた聖なるものは対象化され、観光的まなざしのなかで世俗的な「モノ」へと変えられてしまう。聖なるものが宗教的文脈から切り離されて、美術やツーリズムという別の文脈へと移されてしまうのだ。

新薬師寺《しんやくしじ》（奈良市）の薬師如来像《やくしにょらいぞう》などの仏像が信仰から美や観光の対象として消費されるようになったのは、和辻哲郎《わつじてつろう》の『古寺巡礼』（一九一九年）と並んで、写真家小川晴暘《おがわせいよう》が大正十一年（一九二二）に創業した文化財専門の写真館飛鳥園で販売されていた仏像写真の影響が大きかったという（佐藤：二〇一八、二七三頁）。こうした商品化、観光化などの不安や恐れが聖地と写真の相性の悪さの理由なのかもしれない。

そもそも写真によって霊の実在を証明しようとした一九世紀のスピリチュアリズムの心霊写真のように、不可視な聖なるものを見よう（撮ろう）とする近代的態度そのものが問題なのかもしれない。ただ、見方を変えれば、聖地での写真撮影の禁止は聖俗の境界を強化する役割があるともいえよう。つまり、写真撮影が厳しく禁じられれば禁じられるほど聖地の聖性と本物性が浮かびあがり、結果として、見るものに聖俗の境界を強く意識させる効果を与えている。この点で、写真撮影の禁止はいわば聖なるものを近代のまなざしから閉ざす象徴となっているといえるだろう。

しかし、聖なるものは写真を忌避して秘匿されることを望み、ツーリズム的なまなざしはそれを侵す悪者以外の何物でもないと決めつけてしまうのも早計だろう。聖地の側から積極的にツーリズム的まなざしを利用して、多くの信徒たちを呼び込もうとする動きもあるからだ。そもそも聖地はその場所が特別だと信じている人びとによって成り立っており、信徒がいなくなってしまえばなんの変哲もない場所にすぎなくなってしまうこともある。

つまり、聖性が秘匿され侵されなければ自ずと人びとが集まってくるわけではなく、江戸時代に爆発的に信徒を増やした**富士講**《ふじこう》[*5]の富士塚のように、今日、顧みられずに忘れられてしまった聖地は数多く存在する。聖地の御利益《ごりやく》を触れまわってこそ、人びとは聖地にやって来るのだ。

江戸時代のご開帳も、開帳される仏像や宗祖の御像などの御利益を派手に宣伝してまわることで、仏縁や見物を兼ねて多くの人びとが足を運ぶことになる。しかも、触れまわるには御利益を納得させる魅力的な物語と、それを具現化した、見るに値するものがあることが必要なのだ。信徒が「なるほど」と思う奇跡物語があり、その物語を表現する特別なものがあると触れまわってこそ、聖地に人びとが押し寄せることになってくる。

＊5　江戸時代後半に盛行した富士山信仰の集団。農民や職人、商人などで広く組織され、富士山や富士山をかたどった富士塚への登拝や寄進を行った。

近代的聖地ルルドの誕生と奇跡のスペクタクル

そこで頭に浮かぶのがフランスのルルドだ。ルルドは、写真や映像などのメディアを使って、聖母出現の物語と奇跡的治癒を積極的にアピールした聖地である。ルルドはエルサレムやローマのように千年以上の長い歴史のある伝統的聖地ではなく、誕生から二世紀にも満たない新参者だ。事の起こりは、一八五八年二月、貧しい十四歳の少女ベルナデット・スビルーがピレネー山麓のルルドの町はずれの洞窟で、聖母マリアを見たことからはじまる。それから断続的に七月十六日の最後の日まで、聖母は彼女の前に十八回にわたって出現し、洞窟の入り口付近から泉が湧き出すようになる。噂を聞きつけた町の人びとがしだいに集まりはじめ、泉が病を癒す奇跡の水と信じられるようになった。

ただ、こうした超自然的な出来事だけで、年間七百万人が訪れる今日のルルドの姿があるわけではない。聖母の出現や奇跡は民衆宗教の世界ではお馴染みのものであり、とくにこの時期フランス各地で聖母出現が相次いでおり、ルルドだけが特別というわけではない。

ルルドが現在のような世界的な聖地になった背景には、カトリック教会を取り囲む当時のフランスの社会政治情勢も大きく影響しているようだ。しかし、教会の政治的思惑にもましてルルドが聖地として発展した大きな理由は、地元の企業家たちとルルドを管理する修道会とが協力しながら、整備されはじめた鉄道網、電気、新聞や写真などのメディア、ツーリズムなどを有効に活用し、ルルドを近代的な観光のまなざしに適合的な奇跡のスペクタクルを体感できる非日常的な場所へとつくりあげたからに他ならない。

修道会は、聖母の出現と奇跡の物語をフランス全土に喧伝すべく、多くの信徒たち、とくに病に苦しむ傷病者たちに向けてルルドへの巡礼を積極的に奨励し、そこで実際に起こったとされる奇跡的癒しを教会の新聞などを使って大々的にアピールした。さらに、鉄道会社と交渉して運賃の割引や傷病者のための特別列車を手配し、全国から続々と傷病者たちが集まることになった。この大量の傷病者の存在こそ、寺戸淳子が「傷病者のスペクタクル」とよんだルルドにしかない特別な情景といえる（寺戸：二〇一二、一〇八頁）。一九世紀末年頃のリュミエール社が制作した短い映像には、動けない傷病者たちが担架に乗せられるようすやカメラの前を次々に通っていく車椅子の列が撮られており、傷病者巡礼がいかに世間の好奇心をかきたてたのかがうかがえる。

いっぽう、地元の商工業者たちも多くの巡礼団の宿泊をあて込んでホテルを開業し、町の当局も古い町並みを壊して新たな市街地を整備し、鉄道の駅から聖域へと続く道を建設する。ガイドブックも販売され、巡礼者たちは、巡礼イベントにあわせた電車の時刻表、宿泊施設の案内、効率のよい旅程、地図や観光スポットなどの情報を得ることができた。商業施設ではルルドのお土産品として、泉の水を詰めたボトルや聖堂のミニチュアなどさまざまな宗教グッズが売られていた。

なかでも注目したいのが大量に販売された絵はがきで、そこには周囲の山を背景に美しくそそり立つ聖堂、傷病者たちを電車から降ろす人びと、ルルドの水を飲む婦人たち、ホテルや商店が軒を並べるメインストリートなどが写されている。ここで紹介した絵はがきは「ルルド―洞窟」とあり、かなり整備されているとはいえ、ベルナデットが聖母を目撃した場所だ。洞窟の上部には聖母の像があり、その左端には石造りの沐浴場が写っている。洞窟の前では聖体拝領と思しき儀式が執り行われ、前列には車椅子、後方ではそのようすを見守っている人びとの姿がある。よくみると、傷病者たちの奇跡的回復を誇示しているかのように、洞窟の内部や左の上にはかなりの数の松葉杖が吊されているのがわかる。

この絵はがきは洞窟、マリア、泉、傷病者というルルドの物語を形づくるすべてがそろっており、聖なるものが余すところなく撮られている。ここには聖なるものを対象化して「見る」のではなく、むしろ「見てもらいたい」、「見せよう」とする意図がある。S・カウフマンによれば、ルルドの数々の絵はがきは、地方の村や町に住む敬虔なカトリックの女性たちにアピールし、ルルドで傷病者たちの手助けをしたいという彼女たちの日々の信仰実践を刺激したとい

「ルルド－洞窟」とタイトルがつけられた絵はがき（寺戸淳子氏提供）

う。しかも、ルルドはたんにカトリック的な敬虔さを促しただけでなく、鉄道旅行やホテルなど、近代の都市生活に憧れる地方の女性たちのツーリズムへの願望にも適うものであったという（Kaufman: 二〇〇五、三二～六一頁）。

ルルドは近代のまなざしから聖なるものを秘匿するのではなく、信徒たちの敬虔さとツーリズム的需要に応えながら、むしろ写真を活用して見えないものを見せることで、多くの人びとを呼び込もうとしたといえる。それが、近代の視覚の優位性への妥協なのか、それとも見えるモノを介したカトリック的敬虔の新しいあり方なのかは定かではない。ただ、聖地ルルドの誕生は、「見る」ことを基盤とするツーリズムが浸透する現代の聖地の風景を先取りし、その出発点に位置していることは確かなことだろう。

〈参考文献〉

畔上直樹「創られた聖地―「鎮守の森」をめぐる構造転換と景観改造」(島薗進他編『勧進・参詣・祝祭』春秋社、二〇一五)、二四四〜二七三頁所収
北澤憲昭『眼の神殿―「美術」受容史ノート』ブリュッケ、二〇一〇
佐藤守弘「写真と仏像の近代―ほとけの作品化と商品化」(堤邦彦・鈴木堅弘編『俗化する宗教表象と明治時代　縁起・絵伝・怪異』三弥井書店、二〇一八)、二六一〜二八〇頁所収
鈴木章生『江戸の名所と都市文化』吉川弘文館、二〇〇一
対馬路人「鉄道と霊場―宗教コーディネーターとしての関西の私鉄」(山中弘編『宗教とツーリズム―聖なるものの変容と持続』世界思想社、二〇一二)、三一〜五七頁所収
寺戸淳子「惜しみない旅―「傷病者の聖地」の魅力の在処」(同右一〇六〜一二五頁所収)
Suzanne K. Kaufman, *Consuming Visions: Mass Culture and the Lourdes Shrine* (Cornell University Press,2005)

(筑波大学名誉教授)

天皇陵を巡る歴史の旅

写真家 伊奈英次

王朝の最高権威

「万世一系」とも形容される、王朝が二千六百年以上も連綿と続くともされる日本の天皇制は、奇跡の制度といいうる。

その時代の文化や政治状況に応じて変幻自在に変化する、ある意味でカメレオン的な対応力や柔軟性が天皇制度を存続させた理由ではないだろうか。万世一系というものは単なる神話と偽政者のつくり上げた幻想であるという説もあるが、しかしそれを受け入れ歴史として許容した日本の文化装置という側面も無視できない。

大河ドラマと天皇

ＮＨＫの大河ドラマは概ね武士が主役になるが、そのようななかでも朝廷との関係で天皇もしばしば登場している。『鎌倉殿の13人』（二〇二二年）の尾上松也が演じた後鳥羽《ごとば》天皇（八十二代）、『麒麟《きりん》がくる』（二〇二〇年）の坂東玉三郎が演じた正親町《おおぎまち》天皇（百六代）、『平清盛』（二〇一二年）の松田翔太が演じた後白河《ごしらかわ》天皇（七十七代）など、私は天皇陵に関心をもってから、大河ドラマでは各時代の天皇をどのように描いているかという、もうひとつの見方を番組から教えられた。

後白河天皇は源平時代、源頼朝《みなもとのよりとも》から「日本一の大天狗」といわれたことでとても有名である。権謀術数にすぐれていたこと、悪魔的とも受け取られるような人格であったこと、こよなく今様《いまよう》（平安末期の流行歌の総称）を愛し傀儡子《くぐつ》や遊女《あそびめ》などの芸人を禁裏に招いたということなど、逸話に事欠かない。ところがその陵《みささぎ》（天皇・皇后のなどの墓所）といえば、三十三間堂《さんじゅうさんげんどう》（京都市東山区）の隣にあり、その喧騒とは対照的にひっそりと佇んでいる。参拝者を見かけることも稀有である。私は大河ドラマでぜひとも後白河天皇を主役にする番組を期待するのであるが、大河ドラマで天皇が主役になったことは残念ながら過去に例がない。

主役といえば日本でも公開されたアレクサンドル・ソクーロフ監督の映画『太陽』（二〇〇五年）では、昭和天皇（百二十四代）が主役として描かれている。とても不思議な映画である。昭和天皇の応対の「あ、そう……」という部分の滑稽さをイッセイ尾形が見事に演じていてそれはそれで面白いのであるが、とても日本人監督にはできない芸当だ。古代から現代に至るまで、日本人にとって聖なる存在である天皇は、三島由紀夫《みしまゆきお》ではないが自身の命を賭してまでかける大いなる暗黙の権威と価値があるともいえよう。

天皇陵への関心

私が天皇陵に関心をもった契機は、昭和天皇崩御の時にはじまる。昭和の終わりを皇居前広場に見に行ったときのことである。崩御の第一報が流れた昭和六十四年（一九八九）一月七日の朝、地下鉄の銀座駅で下車し和光のショーウインドーの前を通りかかると、喪《も》に服すマヌカンの飾りつけをしている最中であった。それをカメラで記録しそして皇居前広場に向かった。そこには多くの人びとがおり、号外を手にする人、マスコミ関係者、外国人、涙を目に浮かべ最敬礼をする老人、はたまた泣いて土下座をしている老人も散見された。そしてなにより私の目を引いたのは軍服をまとった右翼団体の人びとであった。彼らは整列して皇居に向かって最敬礼をして涙にくれている。

皇居前広場に集まった多くの人びとは、なにかとてつもない歴史の転換点を感じていたのではないだろうか。そしてその後の日本中の自粛ムードのなかで一体天皇制とはなんだろうかという漠然とした疑問を抱きながら時が過ぎていった。その後、八月十五日の終戦記念日が近づくにつれて皇居前広場に整列していた彼らを思い出し、終戦記念日当日に東京・九段の靖国《やすくに》神社を訪れた。

境内でひときわ目を引いた軍装の昭和天皇崇敬会という組織の幹部の方を神門前で撮影した。その写真を記念に送ったら、私に会ってお礼をいいたいということでその方を尋ねた。その方は元帝国軍人で金鵄勲章《きんしくんしょう》の授章者でもあり自身の指揮下で二百人近くの戦死者を出してシベリアに抑留されていたという。そして昭和天皇崩御から七年後の一月七日に、皇族が参拝する姿と昭和天皇崇敬会会員の方々を撮影する写真家として、東京・八王子にある警備の厳しい昭和天皇陵に招待された。はじめて訪れた天皇陵を見ながら、その数年前に仕事で訪れた明治神宮宝物館で見た歴代天皇肖像画展を思い出した。

そこから歴代天皇のお墓はどこにあるのだろうかという疑問が湧き、まずは第一代である神《じん》武《む》天皇陵（奈良県橿原市）を見に行こうと、その下調べでいろいろな資料にあたるうちに陵墓の迷宮に引き込まれていった。

昭和天皇陵（124代。武蔵野《むさしの》陵《のみささぎ》。東京都八王子市）
以下、すべて伊奈英次撮影写真。

神武天皇陵（初代。畝傍《うねび》山東北陵《やまのうしとらのすみのみささぎ》。奈良県橿原市）。

「聖なるもの」に触れた罪と罰

これまで私は米軍基地の通信アンテナ、産業廃棄物、監視カメラなどといった、タブーに抵触するようなものを撮影対象に選んでおり、それらは安全保障にかかわる軍事的なものであったり、環境や情報やプライバシーの保護といった複雑な背景をもったものであった。しかし天皇陵というものはそれ自体が「聖なるもの」である。日本の歴史と権力闘争に裏打ちされた「聖なるもの」には触れてはいけない、あるいは見てはいけないなにかがあり、とても巨大なタブーが存在する。天皇陵を撮影しながらいつかバチが当たるのではないかといった漠然とした恐れがつきまとっていた。

それがいみじくも的中したのは、五年前に訪れた紀伊半島の楯ヶ先《たてがさき》（三重県熊野市）という岩礁地帯であった。海と岩礁を撮影するために少し危険な岩場を降っているときに誤って七メートルほど岩盤に転落し、三時間後にヘリで救助され四十日間の入院生活をした。ICU（集中治療室）で治療を受けた主治医から、背骨を三カ所骨折したが脊髄に損傷がなく大きな後遺症がないと伝えられ、安堵したことを記憶している。ここ楯ヶ先は神武天皇が東征《とうせい》のおり海から上陸したという神話の聖地であった。毎年冬になると痛み出す私の下肢は、天皇という大きく複雑な迷宮に迷い込み聖なるタブーに触れてしまった罪と罰なのかもしれない。

陵墓の景観

私は七年間で百二十四代の天皇陵をすべて撮影したのであるが、それらを巡るあいだに日本史を遡ったといえるかもしれない。撮影には八×一〇インチというネガサイズのフィルムと大型カメラを使用した。対象相手が天皇の墓であるという理由から、自身の気構えとして小型カメラで撮影するには恐れ多かったのだ。そしてカメラを据える三脚も重くなる。機動性はきわめて悪く撮影枚数も限られる。しかし多くを撮影できないという制約は、対象と対峙するという意味では、逆にものをよく見るという態度になり気合も入る。そのような精神性を信奉しているわけではないが、集中するという一点ではおおいに効果的であった。

撮影順序は、古代から昭和そして現代へと時間軸に沿って辿ったわけではなかった。撮影効率を考え、地図上で近い距離にある天皇陵をひとつひとつ訪ねていった。私が住む神奈川県川崎市から一番遠くにある天皇陵は、関門海峡を望む、源平の争乱で海に沈んだ幼帝を弔う安徳《あんとく》天皇陵（八十一代。山口県下関市）、一番近いのは東京・八王子にある昭和天皇陵である。しかし多くの陵墓は関西の奈良と京都に集中している。それは都が奈良と京都に長く置かれていた

孝元天皇陵（8代。劔池嶋上陵《つるぎのいけのしまのえのみささぎ》。奈良県橿原市）

嵯峨《さが》山《のやま》上《のえの》陵《みささぎ》。京都市右京区）

仁徳天皇陵（16代。百舌鳥《もずの》耳原《みみはらの》中《なかの》陵《みささぎ》。堺市堺区）

ことが理由であるが、大阪にも美しく巨大な天皇陵が数多くある。

個人的に景観として興味深かった天皇陵は、百舌鳥《もず》古墳群に含まれる仁徳《にんとく》天皇陵（十六代。堺市堺区）や履中《りちゅう》天皇陵（十七代。同西区）など。そして周濠《しゅうごう》（お濠）を廻ればとても自然が豊かであった。とくに仲哀《ちゅうあい》天皇陵（十四代。大阪府藤井寺市）は周濠に蓮《はす》の花が咲き乱れていて美しかった。

山上に鎮座する嵯峨《さが》天皇陵（五十二代。京都市右京区）では、撮影準備が終わりいざシャッターを押そうとしたら夕立に見舞われ、木々の下で雨宿りを一時間ほどした、という

清和天皇陵（56代。水尾山陵《みずのおやまのみささぎ》。京都市右京区）

苦い思い出もある。清和《せいわ》天皇陵（五十六代。同）は、嵐山《あらしやま》から桂川《かつらがわ》を遡《そ》上《じょう》し、車を駐車できる所から徒歩で一時間以上もかかる。重い機材を助手と一緒に運んで苦労の撮影だったのだが、谷まで下りまた登り返す行程では、小川のせせらぎと小鳥の囀《さえず》りや蝉《せみ》の鳴き声の合唱で、世俗を離れ心が洗われたように感じた。清和天皇陵は七年間の撮影旅行で一番の思い出の地となった。

（東京綜合写真専門学校校長）

「アイヌの地」――「アイヌ－モ－シリ」を撮ること

写真家　露口啓二

「地名」について

北海道には、アイヌ語があふれている。これは誤解を招く言い方です。アイヌ語の話者は、現在とても少ないからです。もちろん、アイヌ民族であることを自身のアイデンティティとして誇りにし、大事にしている方や、アイヌ文化を自分たちの文化として伝承し、発展させていくために、日々実践されている方、アイヌ語を、自分たちの言語として守ろうと活動している方は、多くいます。

アイヌ民族は、明治以降、民族としての言語と文化を奪われて「同化」を強いられてきました。私はアイヌ民族の歴史、ましてやアイヌ語やアイヌ文化についての知識も見識ももちあわせてはおらず、なんら断定的なことをいう資格はありません。ですが、「アイヌ語の話者は、現在とても少ない」ということは、先住民アイヌ民族がおかれてきた歴史が生み出した、だれもが共有するべき事実です。

冒頭の「北海道には、アイヌ語があふれている」とは、北海道の地名のことなのです。北海道の地名の多くがアイヌ語地名を起源にもち、それが漢字で表記されて使用されています。四国出身である私を含めた「私たち」は、それをごく自然なことのように受け止めています。ですが、この二つの事実には、私たちが看過してはならない、そして考えなければならない事柄が含まれています。

アイヌ語地名の一例をあげると、北海道最北端の都市である稚内《わっかない》は、「ヤム－ワッカ－ナイ」が起源だといわれています。アイヌ語で、ヤムは冷たい、ワッカは水、ナイは川、で「冷たい水の川」、つまり、飲み水としてふさわしい川があるところなのです。このようにアイヌは、自分たちの活動エリアのいたるところに地名をつけていました。

アイヌ語地名が起源だと思われ、現在も使用されている地名は、北海道、樺太《からふと》、千島《ちしま》列島だけでなく、東北地方にも及びます（山田：一九九三）。幕藩体制末期に、六度にわたり蝦夷地《えぞち》（北海道）を踏査した探検家、松浦武四郎《まつうらたけしろう》が記録したアイヌ語地名は約八千だといわれています（松浦：一九八八）。そのアイヌ語地名は漢字表記される前のものであり、武四郎はそれを人の口から発せられる「音」として自分の耳で聴き、カタカナで記録しました。そのとき、武四郎

大誉地／Oyochi／O-i-ochi（川尻〈そこ〉に・それが・多くいる・ところ）
2002 2002（「地名」より）

の目の前には、アイヌ語の話者が、固有名をもった具体的な個人として存在しており、したがって、その「音」には話者個人も含むアイヌ民族が見た蝦夷地の風景が込められていたのです。

カタカナで表記された音は、その後、「稚内」「札幌」「釧路《くしろ》」「帯広《おびひろ》」といったように、漢字表記されていきます。地名は地名として使われているうちにしだいに隠れていくとはいえ、本来の意味をもっています。

ところが、漢字は音を表しもしますが、音だけでなくそのひとつひとつに意味があるので、漢字で表記されるや、本来のものとは別の意味やイメージが現れ、ねじれが生じます。意味だけでなく音にもずれが生じます。それはカタカナ表記でも同じですが、漢字表記によるねじれやずれには重要な歴史の構造が隠れています。

これらの、北海道を覆っている漢字表記されたアイヌ語地名を北海道の風景を捉える起点にできないかと考えたのが、シリーズ「地名」です。

「地名」の撮影は、まず、アイヌ語地名を起源とし、それが漢字表記され地名として現在も使われている場所を訪ね、しかるべき位置に立ち、そこから見える風景を撮影する。そのあと、数カ月の時間をおいてもう一度その撮影地点に立ち戻り、最初に撮ったカットの右あるいは左を撮影する。これで、画面上にずれを伴ったパノラマ写真ができあがります。そこで得た二枚の写真と「地名の漢字表記／その読み方／地名の起源となったアイヌ語／その意味」で構成されたキャプションを組み合わせて一組の作品とします。

漢字表記で見えなくなったもの

ここで簡単に、北海道とよばれるようになった蝦夷地の歴史に触れておきます。一八六九年(明治二)、明治政府は蝦夷地を北海道と改称しました。一八七一年には戸籍法を公布し、狩猟、漁猟民族であり、交易の民であった先住民アイヌ民族を、一方的に「平民」として国民国家に組み入れます。平民なのだから内地の人たちと平等かというと、そうではなく、アイヌ民族が活発に活動していた大地は「無主地」として内地からの移民に植民させるか、国有化あるいは

発足／Hattari／kamuy-hattar（神の・淵） 2001 2001（「地名」より）

資本によって私有化され、アイヌは、給与地という狭く条件の悪い土地に追いやられて農業を強制されます。

生活と経済活動の基盤である河川でのサケ・マス漁が禁止され、伝統的な習俗が禁止され、アイヌ語の使用も禁止されます。これは固有の生活と文化を捨てろということです。アイヌを「人種化」し、「同化」を強制したのです（シドル：二〇二一、山田：二〇一一など）。

地名の漢字表記も、その一環だと考えられます。こういった歴史が、アイヌ語地名の漢字表記とそこから生じる意味と音のねじれには込められています。これらの歴史的事実を知ることは、私たち（この場合の「私たち」は、アイヌを出自とはしない人びとという意味です）の心に痛みをもたらします。ですが、事実なので、直視しなければなりません。アイヌ語地名の漢字表記が内包している意味と音のねじれや切断に、歴史性あるいは政治性を読み取り、写真と組み合わせることで、北海道の風景を見直し、再構成できるのではないかということが「地名」の問いのひとつです。
「地名」を制作するうえで拠り所としたのは、官僚で実業家でもあった北海道地名の研究家山《やま》田秀三《だひでぞう》（一八九九～一九九二）の研究成果（山田：二〇〇〇）と、山田と調査をともにした友人であり、アイヌに出自をもつ言語学者知里真志保《ちりましほ》（一九〇九～六一）の考察です。*1『**アイヌ神謡集**』（一九二三）を編んだ知里幸恵《ゆきえ》の実弟であり、アイヌの文化を継承する一族のなかで成長した彼のアイヌ語地名に関する見解には、重要な視点がいくつも含まれています。著書『アイヌ語入門』（一九八五）の、「古代人のこころ」と題された章には、（古い）アイヌには、山や川は人間同様の生き物だとする考え方があったということが述べられています。

　川は人間と同様に肉体をもち、子供を産むし、死にもするのです。また、同じ章で、山に迷い込んだアイヌ女性たちの行方を占う高齢の女性が、占いの過程で「心気をこらしているうちに」自分が山になり、不明者の居場所を感知するという話を述べています。その占いは「イフミヌ」といい、「それ・の音を・聞く」というものです。山になった自分の身体上に、迷い歩く者の足音を聴き、歩行を触知する。占い師におこる人間から山への生成変化は、視覚的ではなく、触覚的、聴覚的に「成る」わけです。

　アイヌの「世界観」を表す言葉に「カムイ」という概念があります。カムイを、私たちが考えている「神」と短絡してしまうことには、危うさがありそうです。知里真志保は、カムイと

＊1　知里幸恵が幼い頃から祖母や叔母より聞き覚えてきたアイヌに受け継がれてきた叙事詩「カムイユカラ」を記したもの。

沙流川 二風谷　2015（「自然史」より）

いうアイヌ語を「神」という訳語ですませてしまうことに注意を促しています。しかし、人間が住む世界には、さまざまな姿をしたカムイがいるとすると、大地や山や樹々が見える風景にはカムイが写り込んでいると思いたくなります。

ですがそれは、アイヌの精神文化を通した見方なのであって、写真を撮る立場からすれば、写真に写れば山は山、川は川です。留意すべきことは、アイヌに出自をもつ知里真志保その人が、川に対する古いアイヌの考え方を「われわれのそれとは恐ろしく違ったもの」であると明言していることです。そして、おそらく同様に「私たち」も〈なにか〉を見る眼を失っています。

漁川 本流　2014（「自然史」より）

「自然史」について

ここで、もうひとつの拙作「自然史」に移ります。「自然史」は、人間の活動が行われた場所が植物に覆われて、自然と人為の痕跡の区別がつかなくなった様態を撮ることで、人間の活動領域と自然の領域との、あるかどうかも定かではない境界域を写真として可視化することをめざしたものです。

「自然史」は、北海道の川では沙流川《さるがわ》と漁川《いざりがわ》を対象としています。狩猟民で交易の民でもあるアイヌにとって川とその流域は、生活のための資材を供給してくれる場所であるとともに、交易品を運ぶ交通路であり、そしてなにより、毛皮や鷲《わし》の羽などと並んで、交易のための主要な物資であり、重要な食料でもあるサケが、海から遡上してくる通路でもあります（瀬川：二〇〇七）。

まず、沙流川について述べます。沙流川の中流域にある二風谷《にぶたに》（平取町《びらとり》）は、現在、北海道のなかでもアイヌ民族の文化活動が集約的に行われている地域のひとつです。一九七〇年代に、そこにダムをつくる計画がもちあがり、ダムによって水没する予定地が収用されることになりました。多くのアイヌ民族を含む地権者は保証交渉に同意しますが、アイヌ民族出身で、アイヌ文化の研究者、伝承者であった萱野茂《かやのしげる》（一九二六〜二〇〇六）と、平取町議会議員を務めた貝澤正《かいざわただし》（一九一二〜九二）は、それを拒否し裁判をおこしました。

この「二風谷ダム裁判」で、原告側が主張し、収用拒否の根拠としたことのひとつは、アイヌの「聖地」が破壊され水没することへの拒絶でした。アイヌの「聖地」とはなんでしょうか。「チ－ノミ－シリ」とよばれるアイヌにとって大事な場所が各地にあります。萱野は、裁判でチ－ノミ－シリについて「アイヌ語でいうと、チはわれわれ、ノミは祭る、シリが場所、我われが祭っている場所という意味」だと証言しています。自分たちの「聖地」であるチ－ノミ－シリが壊され水没することは、堪え難いことだという原告の訴えに、札幌地裁はのちの判決で、すでに完成したダムの存在を容認しながらも、その主張を部分的にではありますが、認めています（萱野他：一九九九）。

しかし、このことだけでアイヌにとっての「聖地」や〈聖なるもの〉が明確になったとはいえません。聖地や聖なるものとはなにか、という問いは続きます。

もうひとつの川、漁川という名は、沙流川もそうですが、アイヌ語地名を起源としています。そのもとになったと推定されているイチャンという言葉は、サケ・マスの産卵穴を意味するアイヌ語で、この言葉にかかわる地名、川名は北海道各地にあります。その名が示すように、漁川は、サケ・マスの遡上する、アイヌにとって重要な川でした。この流域には「シラッ-チセ」という複数の施設が、有志によって保存されています。シラッ-チセとは、近現代の熊猟を行うアイヌ猟師が、岩場を熊送り場兼野営地として使用したもので、アイヌ猟師に薫陶を受けた和人猟師も共同で使用したようです。

考古学者の佐藤孝雄は、この施設の調査報告で、近世蝦夷地で行われた**「場所請負制《ばしょうけおいせい》」**＊2 における「場所」でのアイヌと和人の交流にふれながら、「アイヌ文化の越境」の可能性を示唆しています（佐藤：二〇一〇）。少なくとも、シラッ-チセの存在は、熊を狩るという行為を共有する者同士の相互信頼や、宗教的な儀礼とみなされることへのアイヌの寛容さや柔軟性を感じさせます。

＊2　松前藩において藩主や藩士が、運上金の納入を条件に内地商人にアイヌとの交易権を委託し、経営を請け負わせた制度。「場所」はアイヌとの交易の地を意味した。

アイヌの地を撮ること

アイヌが自らの生活領域を指す「アイヌ－モ－シリ」という言葉があります。本来は「人間の世界」、そして「アイヌ民族の島」を意味するのですが、そうであればアイヌ－モ－シリを撮ることは、現在においては不可能なことです。なぜなら、いまの北海道はアイヌ－モ－シリではありませんから。

アイヌ－モ－シリは、明治政府によって「無主地」とされ、日本の国土に編入されたのでした。したがって、現在の「アイヌの地」、つまり、不在の「アイヌ－モ－シリ」を撮るとしたら、なんらかの迂回路が必要です。写真撮影にかんしてこれから述べることは、その迂回路を探ることです。ただ、写真にできることは限られています。例をあげると、風景のなかには、正確にいえば風景に潜んでいる歴史のなかには、「語られない声」「語りえない声」が存在しています。ですが、写真にそれは写りません。風景を見ることとその声を聴くことを、安易に短絡することはできません。その声を聴くために写真にできることはあるのか。その問いは、アイヌの地を撮るという行為と、つねに離れずにいます。

私が「地名」や「自然史」などのシリーズを通して撮ってきた北海道の風景は、ごく普通の

＊3　1765-1833。Joseph Nicéphore Niépce。フランスの発明家で、世界初の写真画像をつくることに成功した。

ものです。目を見張る光景や、崇高さを感じさせる景観などではなく、ストレートな美しさを感じさせる風景でさえもなく、私たちが日常的に目にする（しかし見てはいない）平凡な風景なのです。

写真装置の誕生に深く関与した科学者**ニエプス**[*3]が撮影した風景や事物も、平凡なものでした。しかし、その画像は、当時の人びとに衝撃を与え、あたかもおぞましいものが現れたかのように、写真の出現を受け止めた人たちもいました。写真は人びとが、自然のものとして特段には意識しなかった視覚自体を揺さぶったのです。写真の登場から約一世紀のち、歴史や文学、さらに写真や映画というメディアなどへの深い思索をなしながら、ナチスに追われ、自死したとされているユダヤ人の思想家**ヴァルター・ベンヤミン**[*4]が残したもののひとつに、写真の登場以前には私たちがもち得なかった意識、「視覚的無意識」への考察があります（ベンヤミン：一九七〇）。

それは写真の衝撃がもたらした歴史的な現象のひとつです。しかし、写真はすぐに飼いならされていきます。写真がもたらした衝撃も、忘れ去られます。それは、すべての風景が凡庸になっていくということでもあります。

＊4　1892〜1940。Walter Benjamin。ドイツの思想家、評論家。ユダヤ神秘主義とマルクスの思想を生かした独自の思考を展開、『ドイツ悲劇の根源』などを著す。ナチスに追われてフランスに亡命、さらに追われてピレネー山中で自殺した。

二十一世紀に写真でできることはあるか

ニエプスの写真実験から約二百年、ベンヤミンの死から八十数年が経った二十一世紀のいま、私たちが生きている空間には、すべての人に違和感なく受け入れられることを前提とする、ある意味美しい写真が、世界を、惑星規模で飛び交っています。だれもが写真を撮り、地球を飛び交う画像は増えていきます。かつておぞましささえ感じさせ、「視覚の制度性」をあばきたてもした、視覚にとっての異物としての写真／映像は、私たちの視覚そのものになったかのようです。

すべてのものが写真／映像に写されて、私たちは見たことがないものをなくしてしまったのです。目を覆うような戦争や犯罪、あるいは未曾有の災厄の光景でさえも、です。それにともなって、すべての風景は日常的で凡庸なものになり、ベンヤミンのいう「視覚的無意識」がそこにあるかどうかも、いまは定かではなく、とうに消滅したかのように見えます。そういった環境に抗して、ニエプスの時代にはあったような、写真がもっていたはずの力を求めて、写真家はさまざまな方法を試します。

いっぽうで人びとは、そのような環境下の写真のなかに、美や崇高さを感じさせる写真、さらには抽象的な意味や社会的な意味を担う写真を見いだそうともします。ですが、凡庸の海に漂う写真／映像から特異と見える写真を掬い上げ、それを顕揚するのではなく、その凡庸さこそを凝視してみてはどうかというのが、写真をあつかう者のはしくれとしての私の提案です。日常化し、凡庸化した風景は、私たちの視線を簡単に馴致し、見ているつもりであってもなにも見ていないという状態をつくり上げます。飛び交う無数の映像は、私たちの視覚を極限にまで押し広げているようにも見えます。しかしそれは、たんに視覚が拡散しているだけなのかもしれません。

そんな、凡庸な風景を、その風景の馴致《じゅんち》に抗して凝視してみれば、そこには、現代の「政治的なもの」「歴史的なもの」が息づいていて、それが見えてくるかもしれません。真に「政治的なもの」、それはいっけん「非政治的」な顔をしているし、「歴史的なもの」は隠れています。それらは凡庸な顔をして私たちの視線を逃れているのです。それを見るためには、聴こえない声を聴こうとすることと同様に、なんらかのツールと、それによる迂回が必要なのです。

「漢字表記されたアイヌ語地名」という「言葉」は、そういうツールのひとつでした。それは、写真とは異質なメディアである言葉を、撮影の操作や写真を見ることの道具として使ってみるということです。それは、言葉で「写真」を縛って窮屈にしてみるということです。目に見えるものならなんでも写せてしまう写真から自由を奪うのです。

換言すればそれは、撮る主体の撮らない権利を確保してやることであり、撮らない自由を与えることでもあります。その際の言葉（ツール）は、複雑で難解なものである必要はなく、シンプルなほうが、道具として使い勝手はいいのかもしれません。道具は、言葉ではなくても、利用できるものならなんでもいいのです。それがうまく働けば、平板で静まった事態の表面が、微かにざわめきはじめ、そのざわめきのなかに、写っているものを超えて、真に「リアルなもの」、凡庸な顔をして潜んでいる、政治性、歴史性を帯びた「ものたち」を見ることが可能となるかもしれません。

それだけでなく、それがどこに在るのかも、それがなんであるのかもわからなくなっていて、私たちが見失っている〈聖なるもの〉も、もしかしたら、特異な場や特別な場所ではなく、凡庸な海のなかに潜んでいて、それが見えてくるかもしれません。そこに見えてくる〈聖なるもの〉がなんであるのかを、ただちには明言できはしないにしても。

〈参考文献〉

山田秀三『東北アイヌ語地名の研究』草風館、一九九三

松浦武四郎『武四郎蝦夷地紀行』北海道出版企画センター、一九八八

リチャード・シドル『アイヌ通史』岩波書店　二〇二一

山田伸一『近代北海道とアイヌ民族』北海道大学出版会、二〇一一
山田秀三『北海道の地名』草風館、二〇〇〇
知里真志保『アイヌ語入門』北海道出版企画センター、一九八五
瀬川拓郎『アイヌの歴史』講談社現代新書、二〇〇七
萱野茂・田中宏編集代表『アイヌ民族ドン叛乱―二風谷ダム裁判の記録』三省堂、一九九九
佐藤孝雄「「アイヌ考古学」の歩みとこれから」（北海道大学アイヌ・先住民研究センター編『アイヌ研究の現在と未来』北海道大学出版会、二〇一〇）
ヴァルター・ベンヤミン『複製技術時代の芸術』（「ヴァルター・ベンヤミン著作集」2）、晶文社、一九七〇

不可視の場所、反転する世界

アーティスト　シェレンバウム・ゾエ
（住吉健・井上潤美・芝知宙　訳）

*

二〇二二年七月。一九八四年以来、南の部族とウベア島のほかの部族とをつなぐ古いムリ橋の手前の道路脇に、私たちの車は停まる。錆びた青い手すりには、島の子どもたちの無数の名前が刻まれている。私たちは橋の上に身を乗りだし、レキン湾から橋の西側にあるラグーンにリフー水道を通じて逆流する青い流れを眺める。遠くには、映画『天国にいちばん近い島』[*1]で万里とタロウ、そしてタロウの従姉のユキコが紙芝居をもって座っていた砂浜の跡が見える。白い砂浜は海面上昇で大きく削られ、今日、同じ場所に撮影隊が立っていたら、彼らは完全に水没してしまうだろう。

「E ti gaan seûnö, pan！（日差しが強い！）」

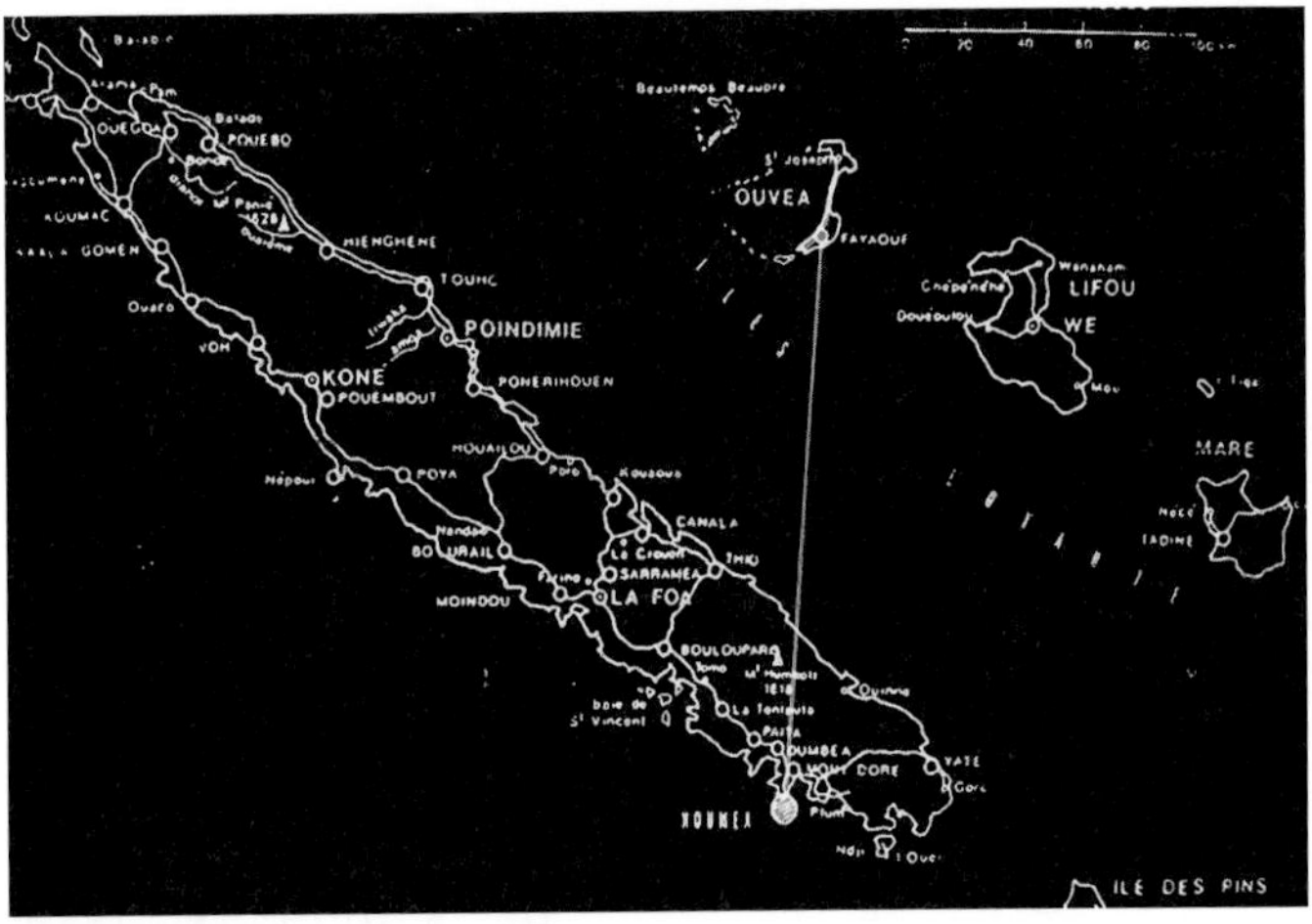

ウベア島への旅行 ©Gérard Schellenbaum, 1987

前日に映画で聞いた現地のイアイ語の台詞をまねして楽しむ。マンタがコバンザメを追い払うために波のない海を飛び跳ねるのが見える。建設中の新しい橋の巨大な柱には、アジやボラの群れが群がっている。

　工事はうまくいっていない。橋の構造の一部が文字通りラグーンに崩れ落ち、エンジニアたちはその原因を理解していない[*2]。私が出会った住民たちは皆、島の当局との歓迎のしきたり(coutume)が交わされる前日に作業がはじまったからだといっている。そして、工事現場からそう遠くないところに、タブーである場所がある。

　つまり、この空間には、なにか、ある物、ある実体、ある潜在的なエネルギーがあり、そこは秘密の力に守られ、だれも勝手に踏み込むことは許されないのだ。住民にとって、橋が崩れた理由は「物事が正しい順序で行われなかった」ため、そして「彼ら（建設エンジニア）が正しい入り口を通らなかった」ためである。それにより「祖先や霊、超自然的存在の領域からの制裁が生じた」[*3]ことは明らかなのだ。

カナックの友人から「ほら、あそこ」と指差され、タブーである場所の方角に目を向けるが、眼下に見えるのはモクマオウ（iwajoo）の森だけであり、枝が風に揺れしゅうしゅうと鳴いているだけである。なにを見ればいいのか、なにを期待すればいいのか、わからない。私がその場所を観察するというより、その場所自体が遠くから私を見つめているような気がする。

**

滞在中、私はこのように指や顎のジェスチャーで何カ所も指さされる。そうした場所はどこかの「裏」なのである。

そこにある家の裏、

その色とりどりのマヌーとよばれる生地で飾りをつけ織られた葉の防風林の裏、

ヤム芋畑の裏さえも、

チーフダム（chefferie）の囲いを示す大きなアカテツ科の木（ûfenök）の幹の裏、
日焼けで白んだシャコガイの殻の裏、
私が部族の母たちの歌声に耳を傾けたプロテスタントの教会の裏、
モクマオウやパンダナスの木の裏、
水面に現れている古い珊瑚礁の鋭利なレースの裏、
または遥かラグーンの彼方、死者の世界への通路であるヘオ、
つまり、水平線の裏。

この「裏」にある場所は、秘密にされ、「いくつかの慣習的な機会に、特定の個人が、いくつかの禁忌と神をなだめるための儀式を遵守した後[*4]」にしか、入ることができない。したがって、通りすがりの部外者である私にとっては、すべてが見えないままである。すべてが逃れ、なにも捉えることができない。死者が通る穴、風を起こす石、木彫り、そこに住む一族の祖先など、おおよその方角や、ときにはそこになにがあるのかを丁寧に教えてもらえるが、いずれにせよ、身体的にそこに行くことはできない[*5]。

だから読者よ、私が最初に青い手すりを描写することによりそれをあなたが「見る」ことができたのと同様に、私にとって呼び起こされるこれらの場所のくぐもったイメージは、私が創

ムリの橋の手すりからの眺め ©Gérard Schellenbaum, 1987

り出したであろう記憶のように、私の暗室である頭蓋骨にネガのように印象づけられている。

このような場所を通過する死者の精霊は、「ネガティブの状態にある生者なのであり、生者とは対照的な条件の下にあるのである。[*6]」関節の向き、食べ物、肌の色など、すべてが反転している。彼らは、私たちの世界と共存している次元に存在するのだが[*7]、まるで膜に覆われているように、一般的には見ることができない。

それでは「どのように不可視のもののイメージを作ることができるだろうか。どのようにほかに類を見ないものを表象できるだろうか。どのように大きさも輪郭ももたないものを表象できるだろうか。形をもたないものにどのような形を与えられるだろうか。つまり、神秘的なものにどう対処すべきなのか。[*8]」

＊＊＊

二〇二三年一月。自分のアトリエを整理した際、角が黒いテープで覆われ、全体をＵＶカットできるほどの厚さの黒紙のフォルダを含む黒いプラスチックの箱を再発見した。「忘れていた」と埃を吹き飛ばす。

ヌメアの庭にいるお母さん ©Gérard Schellenbaum, 1987

私の両親は、私が生まれる数年前に、父が初めての教職に就くため、ニューカレドニアに渡った。一九八六年にヌメア市に住みはじめ、一九八七年五月に数日間、ウベア島を訪れた。父はそのときに撮った写真をスキャンして送ってくれた。一枚目は、マルメゾン通りの家の縁側に座って、庭で本を読んでいる母の姿。二枚目は、ムリ族の子どもたちと浜辺に座っている母。三枚目は、ムリ橋から見える、青い流れとモクマオウの森。

最初は、これらのイメージを反転させ、そのネガの表面に私が聞いたことのあった「不可視の場所の精霊」の痕跡を探そうとした。しかし、それでは一九八七年に父が銀塩式カメラのシャッターを押したときにフィルムに印されたオリジナルのイメージに戻るだけなので、この最初の反転では不十分である。

二〇一六年、私はこれらのイメージを探求するプロセスをさらに進め、ニューカレドニアで、月が反射した太陽の光という間接光のもとで、感光紙にネガを露光することにした。露光後、「セレノタイプ」（ラテン語のselēnē「月に関連するもの」、túpos「刻印、イメージ」から）と私が名づけるものを、それまで自分のアトリエに忘れていた黒いフォルダに入れて日本へ持ち帰った。

ムリ族の子どもたち ©Viviane Schellenbaum, 1987

今夜は、浴室に即席でつくった暗室の静けさのなかで、現像液のバットに極度の遅さで現れるものを注意深く観察している。写真に不鮮明な部分が現れるが、おそらく夜の湿度がネガを波打たせたか、月を覆う雲が通過したか、使用期限を過ぎた紙の感光乳剤の劣化が原因であろ

ムリの海辺 ©Gérard Schellenbaum, 1987

う。

この写真のプロセスにおける太陽の光を反転させることで、私は場所を反転させ、その「裏」に隠れているものを可視化させ、その精霊を明らかにしようと試みている。いくつかの地理的、メタファー的な変位を通じて、撮影された場所から発せられるであろう力の「潜在的なイメージを浮かび上がらせ[*9]」たいと思う。そして、写真のプロセスに内在するこれらの「事故」、「逸脱」、「偶然の呪術[*10]」を通して、私がセレノタイプで得るものは、「イメージが生きている[*11]」と信じている人びとにとって、精霊のようなものなのである。

ヌメアの庭にいるお母さん ©Gérard Schellenbaum x Zoé Schellenbaum, 1987-2023

ムリ族の子どもたち ©Viviane Schellenbaum x Zoé Schellenbaum, 1987-2023

ムリの海辺 ©Gérard Schellenbaum x Zoé Schellenbaum, 1987-2023

＊1　一九八四年公開、大林宣彦監督の映画（配給東映。製作角川書店、東映）。森村桂の同名ニューカレドニア滞在記（角川文庫刊）が原作。

＊2　この事件は、地元メディアでいくつかの記事やニュース映像の題材となった。例に、テレビチャンネル・CALEDONIAの二〇一三年四月六日のニュースを挙げる。CALEDONIA, « Ouvéa : un incident survenu sur le chantier du pont de Mouli ». URL : https://youtu.be/rBIbKB_E05A, 二〇二三年二月十六日参照。その後、技術的な理由も報道されている。URL : https://www.dnc.nc/incident-du-pont-de-mouli-les-travaux-retardes-de-deux-mois/, 二〇二三年二月十六日参照。

＊3　Isabelle Leblic, « Pays, "surnature" et sites "sacrés" paicî à Ponérihouen (Nouvelle-Calédonie) », Journal de la Société des Océanistes, no. 120–121, (1 December 2005): 95–111, URL : http://journals.openedition.org/jso/410, p.106. 原文（仏語）：« (…) entraînant des sanctions (…) qui sont du domaine des ancêtres, esprits et autres êtres surnaturels ».

＊4　Isabelle Leblic, *op.cit.*, p.104. 原文（仏語）：« (…) quelques occasions coutumières, par certains individus précis et après le respect d'un certain nombre d'interdits et de rites propitiatoires ».

＊5　二〇一三年、写真家のセバスチャン・ルベーグは、カナラ地方に招かれ、ヤム芋の収穫を促進する聖なる石を撮影した。その著書『Coutume Kanak』（カナックの習慣）のなかで、目に見えないものへの手がかりを読者に与えてくれているが、同時に調査の複雑さも証言している。「ほとんどの場合、人々ははぐらかし、その話題を避けたままだった (...)。その行為はタブーであり、誰も石を見たり、石について話したりすることはできない、とはっきり言われた。その行為は聖なるものであり、部外者が収穫物に悪影響を与えることを恐れていたのだ」。原文（仏語）« Dans la plupart des cas, les personnes restaient évasives, évitant le sujet (…). On me disait encore clairement que l'acte était tabou et que personne ne pouvait ni voir les pierres ni en parler. La crainte résidait dans l'aspect sacré de l'acte et dans l'influence négative que pourrait avoir une personne étrangère au rite sur la récolte ».
Sébastien Lebègue, Coutume kanak (Pirae Nouméa: Au vent des îles-éditions Pacifique Centre culturel Tjibaou-Agence de développement de la culture kanak, 2018), p. 341-343.

＊6　モーリス・レーナルト著／坂井信三訳『ド・カモ：メ

ラネシア世界の人格と神話』せりか書房、一九九〇、九一頁「故人と死者の国」。原文（仏語）Maurice Leenhardt and Maria Isaura Pereira de Queiroz, Do Kamo la personne et le mythe dans le monde Mélanésien, Nachdr., Collection Tel 95 (Paris: Gallimard, 2005), p.107 : « Ils ne diffèrent pas, en leur fond, des vivants, sauf qu'ils sont les vivants négatifs, placés dans des conditions de contraste ».

＊7 Isabelle Leblic, « Les Kanak et les rêves ou comment redécouvrir ce que les ancêtres n'ont pas transmis (Nouvelle-Calédonie) », Journal de la Société des Océanistes, 130-131 | 2010, (15 December 2013). URL : http://journals.openedition.org/jso/6146, 文末脚注17、二〇二三年二月十六日参照。

＊8 イコン画家ダマスコの聖イオアンの「Contre ceux qui rejettent les images」（8世紀初頭）から抜粋、パスカル・シゾンジの朗読。ラジオチャンネル・France Culture でのポッドキャスト。Jean de Loisy, L'art est la matière. 24 December 2017. URL : https://www.radiofrance.fr/franceculture/podcasts/l-art-est-la-matiere/icones-4325421, 二〇二三年二月十六日参照。原文（仏語）: « Comment faire une image de l'invisible? Comment représenter ce qui n'est à nul autre pareil? Comment représenter ce qui n'a ni grandeur, ni limite? Quelle forme assigner à ce qui est sans forme? Que fait-on ainsi du mystère? ».

＊9 Peter Geimer, « L'autorité de la photographie », Études photographiques, 6 | Mai 1999, (18 Novembre 2002). URL : http://journals.openedition.org/etudesphotographiques/189, p.2. 二〇二三年二月十六日参照。原文（仏語）« (…) la photographie décelait une image latente ».

＊10 Peter Geimer, « L'autorité de la photographie », Études photographiques, 6 | Mai 1999, (18 Novembre 2002). URL : http://journals.openedition.org/etudesphotographiques/189, p.1. 二〇二三年二月十六日参照。原文（仏語）« (…) les accidents photographiques comme des "anomalies", (…) des "sortilèges accidentels" (…) ».

＊11 ロラン・バルト著／花輪光訳『明るい部屋―写真についての覚書』みすず書房、一九九七、三一頁「冒険としての「写真」」「(私は生き生きとした写真の存在を信じない)」。原文（仏語）Roland Barthes, La Chambre Claire: Note Sur La Photographie, Cahiers Du Cinéma Gallimard (Paris: Gallimard, 1980), p.39 : « (je ne crois pas aux photos "vivantes") ».

写真家と研究者で、失敗写真を考える①

港 千尋・平藤喜久子

教会、祭り、祈りの場面、宗教的な場——なぜ、雰囲気のある写真にならないのか、どうしたらうまく撮れるのか。研究者が持ち寄った「失敗写真」を題材に、写真家の技術に学ぶ。

「撮れる」と思うアマチュア、「撮れない」と思うプロ

平藤 宗教学、民俗学を勉強していると、自分で写真を撮る機会も多いのですが、やっぱり写真についてちゃんと勉強しないままに撮ってしまっていて、せっかくの機会なのにうまくいかない、なにかが違うということがあります。そこで私たちは、失敗写真をテーマとする研究会を何回か行ってきました。

そもそもは、二〇二〇年に神奈川県の川崎市立岡本太郎美術館で「高橋士郎　古事記展」が開かれまして、会場には「バボット」という、造形作家の高橋士郎さんが作られた芸術作

品が展示されていました。神々を表現した作品がたくさんあるなかで、衝撃的だったのが、その「バボット」を島根県大田市にある「静之窟《しずのいわや》」という出雲《いずも》神話ゆかりの場所に置いて撮った「海中の神」と題された写真です（A-1）。港さんが撮られた写真で、ひじょうにすばらしくて、なんだろうこの神秘的な感じは、私もこういう写真を撮ってみたい、ここに行ってみたいと思いました。それで、その会場で港さんに撮影場所を教えていただき、実際に行

A-1　「海中の神」（港千尋撮影）

A-2　平藤喜久子撮影

ってみて自分で撮った写真がA-2になります。

ご覧いただくとわかるように、まったく神秘的な感じがせず、のっぺりしています。現地に行ったときは足がすくむというか、なにか中に入ってはいけないような怖い感じがしたのですが、写真に撮ってみたところ、まったくそんな感じがしない。やっぱり私のカメラはプロの方が使われるカメラと違うのだろう、カメラが全部悪いのだと思いました。それで、東京に戻ってから港さんに、「実際に行ってみたらすばらしいところだったけれど、私のカメラでは再現できなかった」とご相談したところ、いや、それはカメラのせいではないと、ご指摘を受けたわけです。

そこで、私と同じような失敗は、ほかの研究者の人たちもしているのではないかと思い、それならば研究会を開いて失敗談を持ち寄ってみようと思い立ったのです。知り合いの研究者の方々に声をかけ、港さんにもご参加いただきました。すると、皆さん同じような失敗の経験をしているということがわかりました。

港　そのときにお話ししたのが、現代のカメラ、とくにデジタルカメラというのは基本的には失敗しないようにできているということでした。

プロフェッショナルのカメラマンと、そうではない方の一番の違いはどこにあるかというと、カメラではなくて心の持ちようなのです。いいカメラを手にした方は、誰でもちゃんと

「撮れる」と思っているのではないでしょうか。スマホでもそうですね。でもプロは「撮れない」と思っている。そこにまず大きなわかれ道があるのかなと思いました。

「静之窟」の写真は、その違いが明らかだと思います。私が撮ったほうは、洞窟の内側に少し入って、入り口の反対側から撮っています。外から撮ると光の向きと同じ方向から撮る順光になって、平板な写真になってしまうからです。つまり、「半逆光」となるように撮ったのですが、そうすると「バボット」のきれいな蛍光色が透過光で見えるので、フラッシュなどたかなくても自然の光で、オブジェそのものが発光するわけです。こうしたことは撮影以前に想像していまして、窟の外からでは絶対に撮れないとわかっています。ですからカメラを手にしてまず「撮れない」と思うことが、良い写真を撮る出発点なのかなと思いました。

ステンドグラスはコントラスト強めに

平藤　では、これまでに研究会で取りあげられた、いくつかの失敗写真を具体的に見ながら、どういうふうにするといいのか、なにが足りなかったのかなどをお聞きしたいと思います。最初は教会にあるステンドグラスです。宗教に関心があってもなくても、海外で教会を訪れる人は多いです。やっぱりステンドグラスというのはとても印象に残るし、色がきれいです。でもそれがなかなかうまく写らない。Bはすべて私が撮ったものなのですが、ドイツの聖シュテファン教会です。二〇〇〇年に初めてデジタルカメラを手にしたときから行くたびに撮って、五枚全部違うカメラで撮ったものです。いつもなにかが違っていて、しかもよく写らない。ステンドグラスは目で見るとあんなにきれいなのに、なぜ写真で撮るとだめなのでしょうか。

港　これは世界中の教会にあるステンドグラスのなかでももっとも有名なものの一つですね。マルク・シャガールの作品ですが、ブルーの教会といわれるぐらい、このステンドグラスから漏れ出てくるブルーの色に、本当に心が洗われるような気持ちになります。

まず、ステンドグラスはうまく撮れないものです。建物の外からはもちろん撮れません。つまり、「静之窟」のオブジェと同じように透過光で撮るものなのです。どういう透過光かということによるのですが、これがいつの季節がわかりませんが、真夏と真冬では外の光が全く違ってきます。

たとえばドイツの冬というのはひじょうに暗いので、もし冬に行かれるんだったら、違う撮影条件を想定しなければいけないということですね。

平藤　時間と天気もですか。

港　はい。では真昼の午後二時に光が差し込む、あるいは午前中に直接光が差し込むときが

B　平藤喜久子撮影

いいかというと、そうでもない。一部に太陽の光が当たって白く飛んでしまう。つまり均一に光が当たらないということになりますので、一番いいのは直射日光の当たらない日の午後二時頃、あるいは十一時頃じゃないでしょうか。そうすると斜めの光が差し込みます。曇りの日の場合にはやはり暗くなりますので、そこは露出補正をかけるとよくなるわけです。露出補正ってなに？　ということになるかと思うのですが、カメラのボディについている露出補正のダイヤルなりボタンを一回か二回、操作するだけです。うまく撮れるか撮れないかというのは、じつは一手間、二手間で違ってくる。

ちなみにスウェーデンのウプサラというひじょうに古い大学のある都市の大聖堂のステンドグラスの写真をもってきました。**C-1**はステンドグラスのいわゆるバラ窓を撮っているのですが、普通に撮ると大聖堂のなかの光が平均化されて真っ白になってしまいますので、ステンドグラスの光に合わせた露出をして撮ってみました。

C-2は、どんな紋様なのか、どんな色なのか、違う色のガラスが使われていることもよくわかると思います。こうした写真が撮れたら、そのときのデータをよく覚えておくといいと思います。必ず別の教会でも役に立ちます。

平藤　黒いところはすごく黒く、色があるところが浮かび上がっていてコントラストがはっきりしています。

港　ステンドグラスは光の芸術ですので、コントラストは強めのほうがいいと思います。それと、できるだけピントが全面に合うようにしたほうがいいです。ステンドグラスは平面のものですので、周囲がボケないように工夫して、わりと広めに撮っておいて拡大するということが必要です。シャガールのステンドグラスは絵ですから、望遠レンズを使ってそれぞれ

C-1（上）、C-2　ともに港千尋撮影

のディテールも撮っておくと、のちのち役立つのではないかと思います。

平藤　今度また行く予定がありますので、絶対に挑戦します。

角度をつけて立体的に

平藤　これもよくある失敗なのですが、博物館のなかで展示物を撮影すると、なぜかピントがボケてしまうという例です。**D**はオーストリア・ウィーンの自然史博物館にある「ヴィレンドルフのヴィーナス」という、とても有名な旧石器時代の小像です。誰でも撮れるように展示されているのですが、薄暗い場所なので、その場でカメラの画面で見たときにはちゃんと撮れているように見えるのですが、帰ってきて大きくしてみると、たくさん撮ったのにすべてボケているという残念なことになっていて、悔しい経験でした。「ヴィレンドルフのヴィーナス」は、神話研究でも、宗教学、芸術学においても、始原の芸術という位置づけで、ひじょうに貴重なものなのに、なぜこのよさが伝わらないのか。ぜひ教えていただきたいのです。

港　もしかすると、博物館に問題があるのではないかという気もします。というのは、ウィーンの自然史博物館はとても古くて、ライティングも含めて、少し古色蒼然という感じがして、今の新しい博物館や美術館のディスプレイのセオリーからすると、時代遅れかなという気がしています。かつての博物館や美術館は、陳列して見せると同時に作品の保護に主眼をおいていた。だから撮影も禁止だったと思います。ところが最近はそうではなくて、積極的に作品を見てもらうという傾向があります。できるだけ館に来てもらって、活用してもらうように、ミュージアムの思想そのものが転換しはじめています。そうするとライティングにも変化が生まれるわけです。

この写真を見て思い出したのは、函館にあります、「茅空《かっくう》」という愛称で知られている土偶の展示です。北海道唯一の国宝で、「日本のヴィーナス」ともいわれています。函館の中心から離れたところにある、函館市縄文文化交流センターに展示されていますが、そのライティングが見事で、それほど調整しなくても、スマホで一番きれいに撮れるようにガラスケース、背景のライティングすべてが計算されています。つまりきれいに撮影できるように展示されているのです。

ですから、うまく撮れるように、ウィーンの自然史博物館にお手紙を書いて改善を

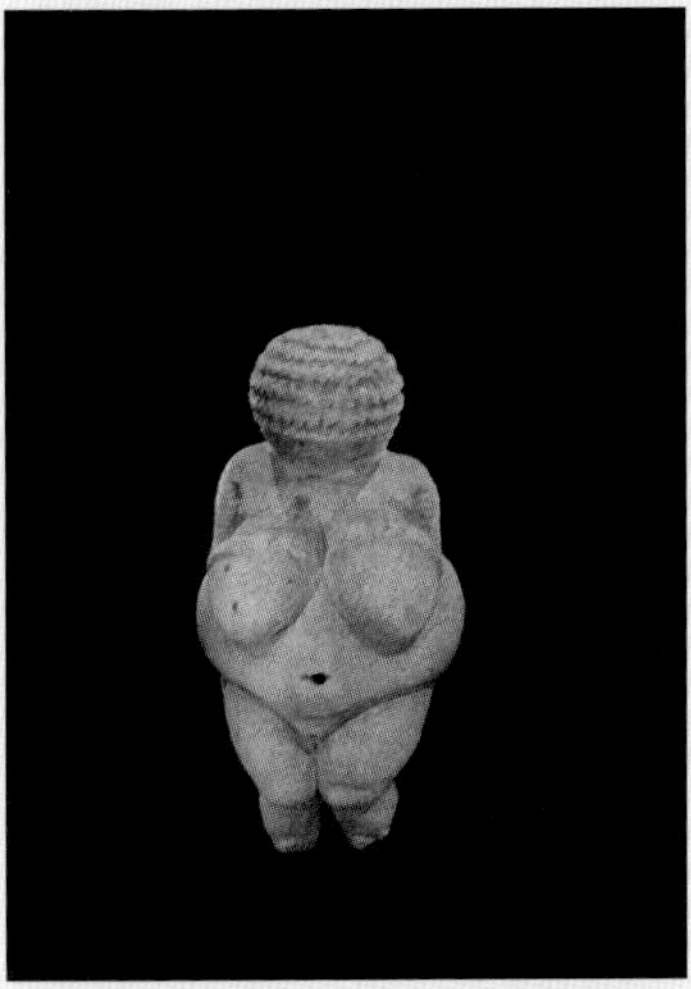

D　平藤喜久子撮影

求めるというのが一番よいのではないかと思います（笑）。

とはいえ、実際に撮ることになればなにか工夫は必要です。まずは、角度を少しつけてみるというのはどうでしょうか。普通はだいたい正面から撮るのですが、斜め上や斜め下、少し見上げる形で撮ってみるとどうでしょう。このヴィーナスの場合は、少し角度をつけて撮ってみると陰影が多少出るのではないかと思います。やはり立体物は陰影があるとくっきりすると思います。全面に均等に光が当たっていると、ヴィーナス独特の立体感が出なくて、平板になってしまう。洞窟もそうだったと思うのですが、できるだけ輪郭を出したり影をつけてみるという工夫はできるかもしれません。

平藤　何かお手本がありますか。

港　**E-1**はモンゴルの首都ウランバートルにあるミュージアムで撮影したものです。現代のモンゴルを代表する、すばらしいテクニックをもつ彫刻家の個展で、木彫や金属の彫刻作品が展示されていました。これは木彫りの透かし彫りです。**E-2**は拡大した写真ですが、これも見てわかるように、あえて斜めから光が当てられています。通常でしたら正面だと思うのですが、斜めから光が当てられて人物や馬の影が出るように工夫しています。それから下に波模様がありますが、それも立体的に見えるようになっています。こうしたライティングがあると、あまり苦労せずに立体感のある写真が撮れます。逆にそれがないところでは、先ほどもいったように斜めから撮ってみるという工夫ができるかもしれません。

平藤　一般的な感覚では、資料写真的な意味も含めて、どうしても正面から全体を撮ろうとしてしまうんですよね。

港　そういう写真も押さえておいて、でも自分はもう少しヴィーナスの立体感を出したいと

E-1（上）、**E-2**　ともに港千尋撮影

思うなら、自分なりの視点で何枚も撮ってみるのが大事だと思います。

（154ページ、②につづく）

第2部

聖なる人

聖なる像のトライアル

写真が問う、聖なる人のイメージ

写真家　港　千尋

もうだいぶ前のことになるが、アメリカ東海岸の都市ロチェスターを訪れたことがある。目的は世界最古の写真美術館として知られるジョージ・イーストマン美術館だったが、わたしにとっては「聖地巡礼」であった。ジョージ・イーストマンはコダック社の創業者で、わたしはモノクロもカラーもコダックのフィルムを常用していた。コレクションは素晴らしく、印刷物でしか見たことのなかった一九世紀の写真などは、どれもが強いオーラを放っていた。ことわるまでもなく、聖地もオーラも比喩《ひゆ》ではあるが、それでも「聖なる写真」という言葉からわたしがイメージするのは、このときの体験だ。

写真の発明からほどなくして多くのヨーロッパ人が重いガラス板と写真機を担ぎ、オリエントを目指したことはよく知られている。彼らにとっては本当の聖地巡礼だったわけだが、その目的はエルサレムをはじめとする都市やバイブルの風景を撮影することだった。砂漠で、荒野で、撮影と現像に成功するのは並大抵ではない。数少ないオリジナルプリントは世界各地の美術館にコレクションされ、それ自体が一種の聖性を帯びているように思う。

写真と聖性の関係は複雑で面白い。記録としてはそれ自体とりたてて聖なるところはなくても、表現としては聖性を獲得してしまう場合もある。たとえば「**トリノの聖骸布**《せいがいふ》」[*1]のように、歴史的には事実と異なっていても、撮影と大量複製をとおして揺るぎない信仰を集め続けている例もある。ここでは聖なる人のイメージをめぐって、写真がわたしたちに問うていることを考えてみたい。

動きながら見ること

今日の写真の難しさのひとつは、いとも簡単に撮れることにある。技術的には簡単に撮れるように進化してきたのだから、どこに問題があるかといわれればそれまでだ。でも簡単に撮れたものが、簡単かどうかとなると、話はそう簡単ではない。撮ること以前に、見ることの難しさを感じなくなるということもあるのではないか。

※1　キリスト教の聖遺物。磔にされたイエス・キリストの遺体を包んだといわれる布。イタリア・トリノの聖ヨハネ大聖堂に保管。

このことに関して、美術史はいろいろなことを教えてくれる。聖なる人の像をめぐる話として、**ロダン**[*2]の彫刻作品《説教する洗礼者ヨハネ》は、いまもって興味深い。右足を一歩前に出し、歩きながら説教をしている男性像は、一八七七年のある日、イタリア出身の農夫がロダンのアトリエを訪ねたところから生まれた。いちどもモデルをつとめたことのない農夫の体躯と自然な身ぶりに刺激されたロダンは、ピニャテッリという名の男をモデル台に導いてポーズを取らせた。その決然とした身ぶりに、ロダンは洗礼者ヨハネの姿を見たのだった。

この作品が人を惹きつけるひとつの理由は、彫像の奇妙さにある。ヨハネの両足は地面をしっかりと踏みしめている。歩行中の人間なら、左の踵《かかと》が地面にあれば、右足は完全に地面に着いてはいない。アトリエでポーズするピニャテッリを撮影した写真が残されているが、モデルの両方の踵は地面にしっかり着いている。もとより歩行する人間の姿勢ではないが、ロダンはそれを自覚していた。目指したのは彫刻でしか実現できない動きの表現であり、片足からもう一方の足へと継起する時間である。その時間が歩みを可能にしているのだから、ロダンからすれば、写真は歩行の真実を伝えない、嘘の表現である。なぜなら時間は静止しないから。しかし写真は制作の役に立つ。アトリエで撮られた写真は、彫像と同じ格好をしている。

よく知られたこのエピソードは、一九世紀後半のメディア、生理学、美術をめぐる文脈でしばしば取りあげられてきたが、わたしはそれが聖人の像として成立したことに、興味をもって

※2　1840-1917。Auguste Rodin。19世紀を代表するフランスの彫刻家。『考える人』『カレーの市民』などを制作。

いる。時間と運動というテーマは、その後に作られた《歩く人》で高度に実現されるのだが、わたしには農夫をモデルにした聖人という点が面白い。左足から右足への時の流れのなかに、神話的な時間が含まれているのではないか。一歩の踏み出しが、永遠に引き伸ばされ、彼は永遠に歩き続けているようである。確かにそれは写真では表現できない。歩く人を写真に撮るのは簡単かもしれないが、ロダンのように歩みを見た人は、ほとんどいない。想像を超えた努力がなければ、実現しない作品である。像が聖人でなければならなかった理由は、そこにあるような気がするのである。

繰り返し見ること

わたしは思いがけない場所で、それを考えることになった。それはモンゴルの草原だった。首都ウランバートル市を車で出て、古都のカラコルムを目指していたときのことである。目的地まではおよそ二三〇キロ、地平線へと続く一本道だった。その道すがら、とつぜんドライバーが減速して、道端に停車した。遠くに見える山並み以外にはなにもない荒野のど真ん中である。

爆走するトラックと大型ランドクルーザーに気をつけながら降りてみると、銅像が目の前に現れた。透き通る陽光を反射しているのは、手に太鼓とバチをもち、ややうつむき加減で草原

モンゴルの古都・カラコルムへ向かう途中で出合ったシャーマン像（港千尋撮影）

の方向を向いている人の姿である。見えない眼差しは地面を見ているようでもあり、地平線を超えているようでもある。ガイドの説明によれば、この地域でよく知られたシャーマンだったが、不幸にも交通事故でこの地で亡くなったのだという。とても力の強いシャーマンで多くの人に敬われていたこともあり、銅像が建てられた後にも、街道を行き交う人がこうして一時停止して、手を合わせるのだそうだ。

近づいてみれば銅像の前に供物の品が置かれている。停車していたのはわたしたちだけだったが、後続の車のほとんどは減速し、クラクションを鳴らして通り過ぎていった。シャーマンへの畏敬のしるしという。その存在を知っている人びとにとっては、すでに風景の一部として定着しているのだろう。モンゴル帝国の首都カラコルムへの道程は長い。急ぎ旅の途上の、つかの間の出合いだったが、赤銅色に輝くシャーマン像は強い印象を残した。

それにしても、冬季には零下四〇度も珍しくない土地である。長距離トラックが行き交う街道沿いの像を聖像とよべるのかはさておき、彫刻として立派な作品だ。大草原のなかにぽつんと立っているにもかかわらず、像には緊張感が漲っている。おそらくアカデミックな美術教育を受けた人の作品だろう。シャーマンの祈祷を身近なものとして体験していたかどうかは分からないが、映像や写真が参照されたことは容易に想像できる。彫刻家は、おそらくロダンの彫刻についても学んでいただろう。わたしはシャーマンの像を撮影しながら、時と場所を超えて交差する、いくつもの眼差しを想像することになった。

彫像となったシャーマンは写真や映像とは違って、その周囲をあるきまわりながら、ありし日の姿を眺めることができる。彫像は近づく者を追い払うことはないし、撮影を禁じることもない。太鼓を打ち鳴らしながら祈祷を続ける人を撮影するのは誰にとっても難しいが、彫像であれば撮ることができる。数あるアングルのなかから、最適な一点が見えてくるころには、シャーマンの像が動きのなかにあることが把握されるだろう。

聖なる像は崇めるためだけにあるのではない。礼拝的な価値は、繰り返し見ることを可能にする価値でもある。像を繰り返し見ることは、結果的には人間をよく見るためにも必要なのかもしれない。祈禱中のシャーマンに見えている世界を、たとえわたしたちが見ることができなくても、それは人間を見る訓練になるだろう。

聖なるトライアル

一般的にいって、撮影とは無数にある視点やパースペクティブのなかから、ある一点を選ぶことに他ならない。それらの視点やパースペクティブはどれもが等価に与えられているわけではなく、さまざまな条件が選択の幅を決めている。光をはじめとする自然や人工の環境が与える条件が第一にあり、第二に時間的かつ技術的な制約があり、さらに社会的な規制や自己の心理的制約といった人間的条件がある。それらには含まれない偶然性の関与も含めて、カメラをもった自己と対象となる世界の間には、いくつもの条件が互いに関係しあいながら複雑な層として存在している。

それとして意識されることは少ないが、撮影とはそれらの諸条件とうまく折り合いをつけて、最適な状態あるいは状況を手に入れるためのトライアルに他ならない。かつて**ゲリー・ウィノグラント**[*3]という写真家がよんだヴァンテージ・ポイントという言葉は、揺れ動いている諸条件となんとか折り合いをつけて、撮影に至る最適解といえるかもしれない。

そこに至るために必要なのは、よく見ることである。中心だけでなく周辺に目を配り、画面のなかだけでなく画面の外で起きていることにも敏感である必要がある。意識をどこへもってゆくかは人それぞれであろうが、空間と時間と心理の間にあるいくつもの組み合わせのひとつが選ばれるという意味では、全体的な把握が必要とされるのではないかと思う。全体的な把握は、簡単なことではない。いろいろな例が考えられるが、そうした把握が難しい対象のひとつは、聖なるものである。

聖なるものは、たとえ近くにあっても、簡単に手が届く対象ではない。よく見なければ見えないし、よく聞かなければ聞こえない。物理的にも精神的にもさまざまな試練を課してくる。聖

※**3**　1928-84。Garry Winogrand。アメリカの写真家。生活・社会風景の描写で高い評価を得た。

向かってミルクを撒くドライバー（港千尋撮影）

なるものとは想像上の何かではなく、こういってよければ、創造するうえで多大な努力を強いてくるトライアルである。それを得ようとすれば幾度も試さなければならず、だから幾度も失敗する。歴史も神話も、そう教えている。試行錯誤の連続で成り立っている写真もそうである。写真は技術的なトライアルであると同時に、思考に対するトライアルでもある。

幾度も試し、幾度も失敗する。ロダンの彫刻がヨハネ像でなければならなかった理由は、そこにあったように思える。それは前駆する人、道を準備するために歩く人である。同様に、荒野に立ち続けるシャーマン像は、さまざまな意味での試練の具現化に見える。荒野で発揮されるその力は、遠すぎるものを近づ

かつてのモンゴル帝国の首都であったカラコルムへの道中で、祖先の魂がある山に

け、近すぎるものを遠ざけて、世界をよりよく知るという、写真の力とどこかで通じているように思われる。

（多摩美術大学教授）

秘教家たちの肖像

宗教学者　深澤英隆

秘教主義とは

さまざまな宗教的人間の類型があるなか、秘教家（エソテリシスト）という存在はどう位置づけたらいいだろうか。秘教主義（エソテリシズム）は、宇宙や人間についての秘められた知《オカルト》識と、その実践的活用を説く点で、狭義の宗教の枠を逸脱し、また宗教以上に自然科学と対立関係に陥りやすい。その教説を説く秘教家は、通常の宗教家とも思想家ともちがう問題的な存在と見なされる。こうした人物を輩出したヨーロッパ近代の主だった秘教家の肖像写真を取りあげながら、そこで喚起される印象と、そこに反映する秘教主義の特徴を考えてみたい。

秘教家は、実在の秘められた、「聖なる」側面にかかわるとされるが、ダイレクトに救済のメッセージを発し、救済活動する宗教家とは異なり、民衆の崇敬の対象とはなりにくい。秘教主義は、「知識」「認識」を重視し、また秘教家はそもそも、民衆の救済者ではない。本人も知識人であり、その信奉者も、知的中間層を中心としている。

神智学者たち

近代秘教主義の中核的な流れが「神智学《しんちがく》」(theosophy)である。神智学は、キリスト教会の救済論に満足できず、ほかの宗教神秘主義の伝統や各時代の自然科学の成果をも自在に援用しながら、独自の思想体系を紡ぎだした。最初に出現した一六〜七世紀には、なおキリスト教思想の一種だったが、教会の厳しい弾圧を受けた。秘教が神秘体験にもとづく一種の啓示知《けいじち》を標榜するかぎり、それは教会の許容しうるものではなかったのである。

①シェリング(図1)

写真の肖像が残る最古の神智学者は誰か。ドイツ観念論の大哲学者であり、みずから近世神智学への連帯を表明したフリードリヒ・W・J・シェリング(一七七五〜一八五四)がそれといっていいだろう。

写真以前に、シェリングにはよく知られた肖像画がある。ヨーゼフ・シュティーラーによる

図1　フリードリヒ・ヴィルヘルム・ヨーゼフ・シェリング、1848年

一八三五年のこの肖像画（ミュンヘン、ノイエ・ピナコテーク蔵）は、ガウンの赤いビロードの折り返しに囲まれたシェリングの瑞々しい面立ちが印象的であり、シェリングの思想に親しんだ者にとっては、その前から離れられなくなるような磁力を帯びている。かつてパスカルは、「絵画とはなんとむなしいものだろう。原物には感心しないのに、それに似ているといって感心されるとは」といったが（パスカル：一九七三、九〇頁）、成功した肖像画は、その人物をいわば浄化し、完結させる。

いっぽう写真は、実物の写しであることが前提であり、むしろ実物を前にしては意識にのぼらない事実性を見るものに突きつけてくる。一八四八年のダゲレオタイプによるシェリングの肖像は、この自然と霊性を統合する途方もない思弁の担い手がまぎれもない実在の人物であっ

＊1　ロラン・バルトの写真論における用語。「写真の場面から矢のように発し、私を刺し貫きにやって来る」細部のこと（バルト：1985、38ページ）。

たことを、いまさらながら確認させてくれるが、この七十三歳時のポートレイトは、シェリングの透明な瞳と、いささか妖怪じみた姿を捉えている。ポーの短編小説「モレラ」（一八三五）では、妖女めいた主人公がシェリング哲学に没頭する設定になっているが、それもなるほど、と思わせる。

ドイツの批評家ヴァルター・ベンヤミン（一八九二〜一九四〇）は「写真小史」でこの写真に言及しているが（ベンヤミン：一九九五、五六二頁）、ベンヤミンにとって**「プンクトゥム」**[*1]となったのは、シェリングの洋服の襞《ひだ》であった。ベンヤミンは、初期写真のもつアウラ、そこで映像化されたものの持続性と「永遠」性、「どうしても沈黙させえないなにか」として写真から迫ってくる事実性、意識されずにいたものの像化などの問題にふれている。これらは、シェリングのこの肖像写真の、なにか把捉しがたい気配の由来をいい当てている。

②ブラヴァツキー（図2）

シェリングは哲学史の巨人であり、ロマン主義時代の波風にあおられながらも、生涯大学人としてまっとうな人生を生きたひとである。しかし近代の秘教家たちは、ほぼ例外なく聖性と表裏一体のいかがわしい伝説や風評に包まれている。コルネリウス・アグリッパやパラケルスス、ジョン・ディーなどの思想史に名を残す存在ですらそうであり、ましてや**サン・ジェルマ**[*2]

＊2　1691or1707-1784.。Comte de Saint-Germain。フランスの山師。博識でルイ15世の寵をえた。

図２　神智学協会の創設者ヘレナ・ペトロヴナ・ブラヴァッツキー、1877年頃

ン伯爵、**カリオストロ**[*3]など、ヨーロッパ社会を股にかけて渡り歩いた伝説的な存在になると、その実像はますます霧の彼方に没している。

一九世紀に秘教主義をいわばリセットし、今日に至る潮流をつくり上げたのが、ウクライナ出身の近代神智学運動の創始者、ヘレナ・ペトロヴナ・ブラヴァッツキー（一八三一〜九一）である。

ブラヴァッツキーは数多くの肖像写真を残しており、もちろんその実在性は疑いないのだが、その生涯は欧米とアジアをまたぐ、虚実定かならぬ冒険的エピソードに満ちている。伝えられてきた多くの肖像写真は、オリエンタリズム趣味を反映したもの、カリスマ的演出やポーズに基づくものが多いが、もともと霊媒であったブラヴァッツキーは、その風貌自体がいささか妖しく謎めいている。

一八世紀以来の**メスメリズム**[*4]の流れが、一九世紀の心霊主義の基盤となり、それがさらに神

＊３　1743-95。Alessandro di Cagliostro。医師、哲学者、錬金術師、降霊術者として名声を博す。稀代の詐欺師。

智学の土台の一部となった。被催眠者や霊媒が無意識的主体であるのに対し、秘教家は、無意識の底に降り、それを意識化し認識する存在であることを自認する。他方でブラヴァツキーの大著群は、なかば自動書記的な成立ということも謳っており、そこには逆に無意識の自律的肥大化ということがあるのかもしれない。秘教家のポートレイトは、本来は高度な意識性を示すはずなのだが、ブラヴァツキーの肖像写真の数々は、むしろ霊媒出身の彼女の、コントロールしきれず力をふるう無意識の闇を暗示しているようにも見える。それは「写真の無意識」とよばれるものを、さらに押し拡げているともいえる。

③シュタイナー（図3）

ブラヴァッツキーの死後、神智学協会はインドの少年、ジッドゥ・クリシュナムルティ（一八九五〜一九八六）をキリストの再来と考える「東方の星教団」を中核として推移するが、一九二九年にはクリシュナムルティ自身が教団の解体を宣言する。以降彼は、神智学の秘教性をも排した絶対的な自由と離脱を説く独自の思想家として自立する。教団時代のクリシュナムルティの肖像写真には、救世主を印象づけようとするものも多いが、老年時にはごく普通の日常生活を送る、いわば徹底的に脱魔術化されたクリシュナムルティの姿を捉えた写真集なども出版されている。

＊4　オーストリアの医師、フランツ・アントン・メスマーが創始した催眠作用による治療法。のちには超心理学的実験法としても発展。18〜19世紀にかけて、欧米社会で大流行した。

図3 「霊視」状態にあるとされるルドルフ・シュタイナー、1907年頃（Helmut Zander, Rudolf Steiner. Die Biografie, Piper Verlag, 2011より）

この「東方の星教団」の成立を機に神智学協会から離反し、ドイツで人智学（Anthroposophy）という独自の運動体を立ちあげたのが、ルドルフ・シュタイナー（一八六一〜一九二五）である。シュタイナーの教育や医療などの実績は、内外で公認を受けている面もあるが、膨大な著作・講演記録にうかがえる豪放な秘教的教説は、多くの人間にとっては困惑の種となってきた。哲学博士号をもち、学芸ジャーナリズムでも認知され、**リープクネヒト**[*5]主宰の労働者学校の人気講師だったシュタイナーの神智学への転身は驚きをもって受け止められ、アカデミズムからの激しい批判にさらされた。

シュタイナーには、数多くのいわば公認ポートレイトがある。信奉者にとっては、シュタイナーの肖像写真もまた崇敬の対象たりえただろう。実際ベルリンのブレーハン美術館には、独

＊5　1871-1919。カール・リープクネヒトKarl Liebknecht。ドイツ出身。弁護士、政治家、帝国議会議員。ドイツ共産党を創設する。

特のシュタイナー＝人智学様式の木彫額に収められた肖像写真が資料として展示されている。逆に近年出版された浩瀚な批判的シュタイナー伝は、若いアナーキスト時代の、口ひげを蓄え放恣な印象を与える写真をことさらにカバー写真に使っている。

評論家の多木浩二《たきこうじ》は、近代における顔の意味の変遷を語るなかで、「顔は宇宙論から切り離されて、社会的体系となった」という（多木：一九九〇、九五頁）。多木の議論は、近世の観相学などにあった大宇宙と小宇宙の照応といった類型論的顔貌理解から、人間の社会化と個人化にともなって、顔もそうした社会性のなかで見られるようになったことを示唆している。シュタイナーの肖像も、そうした社会的視線で見れば、カリスマ的支配や詐術を行使する者の姿として見ることは容易である。

いっぽう、秘教主義のコスモロジカルな霊性思想を念頭におきながらシュタイナーの肖像に見入る者は、その肖像を再度宇宙論化してしまうかもしれない。しかし、嫌悪と崇敬の両極のあいだにいる大多数の者は、その肖像写真を落ち着かない気持ちで眺めることになるだろう。

④ボイス（図４）

ヨーゼフ・ボイス（一九二一〜八六）は、第二次世界大戦後のドイツ現代美術を代表するアーティストであるが、その作品やテクスト、パフォーマンスは、シュタイナーやロマン主義哲学の影響のもと、しばしば秘教的色彩を帯びている。それはもちろん教条的な性格のものではなく、秘教主義はもとのコンテクストから切り離され、アーティスティックに変形され表現化されたものだった。

　近年は包括的かつ批判的なボイス伝が出て、そこではボイスが繰り返し言及するナチス空軍時代の墜落事故におけるクリミア土着民による伝説的な救出の物語がフィクションであったこと、旧ナチス人脈とは終生つながりがあったこと、シュタイナーからの影響があまりに大きいことなどが、批判の対象となった。

図4　ヨーゼフ・ボイス、1972年（Alamy／PPS通信社提供）

　もともと右派からは、**緑の党**[*6]の創設メンバーであるボイスは左派過激主義と非難され、左派からは、ドイツの精神的伝統の強調や秘教主義の要素が指弾されてきた。聖なるアーティストとして崇める者と、高等詐欺師よばわりする者が交錯するところは、まさに両義的存在という

＊6　1970年代西ドイツの議会政治に登場した新しい政治勢力。環境保護とラディカル民主主義を掲げて活動する。

近代の秘教家の条件を満たしている。

フェルトの中折れ帽とジーンズ、白シャツにオリーブ色のフィッシングベストをユニフォームのように着込んでパフォーマンスに臨み、教育現場や政治活動の場に現れるボイスの姿は、数知れぬ写真と動画に記録されている。

私たちはそこにどのような存在を見るのか。あるときは美大解体をめざすボイスに同調する忠実な弟子たちに囲まれた姿を、あるときはフェルトに全身を包まれ一昼夜をコヨーテと孤独に過ごす姿を、私たちは見る。静止画においても、ボイスはいつもアクション＝動きのなかにいる。そこでは真剣味と滑稽さ、意味と没意味、受苦と道化の身ぶりが入り混じっている。ボイスは自身もマルチプルなど作品に写真を多用した。ボイスの肖像は、もはやスタジオでポーズを取りこちらを見つめるのではなく、とめどない動きのなかで、アートから政治に至る多彩な文脈のなかへと拡散している。

おわりに

ロラン・バルト[*7]はその名高い写真論のなかで、写真は他の芸術作品とは異なり「あらゆる浄化作用、あらゆるカタルシス」を閉め出すがゆえに、崇敬の対象とはなりえないという（バル

＊7　1915-80。Roland Barthes。フランスの批評家・記号学者。レヴィ・ストロース（文化人類学）、フーコー（哲学）らと並び称される、いわゆる構造主義（文学）の代表者

ト：一九八五、一一一〜一一二頁）。バルトがそう考えるのは、写真を「過去の現実から発出した」光がいわば錬金術的に銀を媒体として定着する一種の「魔術」であると見るバルトにとって、写真があまりに生々しく直接的ななにかであるからにほかならない（同、九九〜一〇〇頁）。

それでも信奉者たちは、秘教家の肖像を拝むように眺めてきた。秘教家は、意識の卓越した支配者であることを標榜し、写真のなかから私たちを凝視する。しかし秘教家といえども、写真の画像に写るすべてを、あるいは自身の表情すらも、あまさず制御できるわけではない。そして写真に写るのはどこまでも可視光の世界であって、秘教家のいう高次の霊的世界がそこに結像するわけでもない。秘教家の実在はたしかにその肖像によって確認されるのだが、それ以上のなにかを見届けようと焦慮する私たちの視線は、結局のところ宙をさまよってしまう。感覚世界を超越すると自認する秘教家の肖像写真は、こうして私たちを困惑させずにはおかない。この意味で秘教家の肖像写真は、近代における秘教主義そのものの両義的位置を、まさに体現しているといえるだろう。

〈参考文献〉

多木浩二『写真の誘惑』岩波書店、一九九〇
ブレーズ・パスカル『パンセ』（前田陽一・由木康訳）、中央公論社、一九七三

ロラン・バルト『明るい部屋』(花輪光訳)、みすず書房、一九八五
ヴァルター・ベンヤミン「写真小史」(『ベンヤミン・コレクション1』〈浅井健三郎・久保哲司訳〉、ちくま学芸文庫、一九九五)、五五一—五八一頁

(一橋大学名誉教授)

「教祖」と写真

宗教社会学者　弓山達也

教祖を写実しない天理教

ここに一枚の写真がある。明治二十年（一八八八）陰暦一月二十七日に撮影されたという、のちに明治後期から昭和初期にかけて日本を代表する巨大教団に発展する天理教《てんりきょう》の教祖中山《おやさまなかやま》みきが九十歳で他界（天理教では教祖は存命であるとの信仰から「現身《うつしみ》を隠す」という）した翌日の教団中心メンバーの集合写真である（左ページ上）。

みきは生前、人間の寿命は百十五歳と告げていた。みきの死の直後、親神の言葉を取り次ぐ高弟の飯振伊蔵《いぶりいぞう》によって、みきの二十五年早い死は身体を脱ぎ捨てて救済をすみやかに行うためとの教え（救いの約束）によって回収されるものの、この時、彼女の死は教団に大きな動揺を与えたことは疑いもなく、皆、緊張感がみなぎる面持ちである。

天理教道友社編『ジュニア版　天理教の歴史３』（天理教道友社、1985）より

VHS版『扉は開かれた』（パステルビデオ）より

服部武四郎原作・中城健雄作画『劇画　教祖物語
愛読新装版』（天理教道友社、2008）より

さて、天理教には教祖の写真が一枚も残されていない。死の翌日の集合写真があるのだから、生前に写真撮影が行われていても不思議ではない。しかし写真がないだけでなく、その姿を描くこと自体がタブーとされている。

たとえば、昭和五十年（一九七五）に公開された中山みきの生涯を題材にした映画『扉はひらかれた』（新星映画社配給）では、みきが、神がかるまでは普通の主婦に描かれているものの、神がかりの際は旭日をバックに、その後も影のみという形などで、みきの姿を正面に据えることはない。この形式は天理教の広報出版部門である天理道友会から刊行されている、みきの伝記絵本（服部・中城：二〇〇八）にも踏襲され、ここでもみきが描かれることはない。

見えない教祖の見える化

しかし教祖の、文字通り面影を慕う信者は少なくなく、つねに教祖の具体的な姿が追い求められてきた。事実、教祖が死去してから十年ごとの年祭には非公式ながら錦絵が多数頒布されている。また、みきの生前、座像が彫られ、明治三十九年（一九〇六）には、それを参観させる天理教祖教会も準備される（のちに天倫教として設置）が、座像自体は行方知れずになる。

さらに大正期になると、教祖三十年祭（大正五年〈一九一六〉）を背景に、みきの衣鉢を継ぐのだという分派運動が起こり、そのなかでも「二代教祖」とよばれ、のちの朝日神社（天理教系の新宗教）の教祖となる井出くに（一八六三〜一九四七）は日本中の天理教会を回ろうとした際の参拝証明の写真や教会本部で「ろうかをひきづられましたときの」写真などを盛り込み、自叙伝的教典（井出：一九二六）を作成している。同書の扉写真には「このしゃしんは　かみさまの　おすがたを　みせて　いただきたいと　もうしましたら　じぶんの　すがたを　うつ

大野陽子『神は降りたのか』（アメニティ・サイエンス、1991）

井出國子『みのこころゑのはなし』（吉田廣輝発行、1926）扉写真より

してみるよをに　ゆわれましたのであります」とのキャプションがついている。そして、こうした「証拠」写真を天理教に送り、その正統性を主張した。

こうした「見えない教祖」を見せることで正統性を主張する動きは戦後にもあり、教祖百年祭（昭和六十一年〈一九八六〉）前後にもみきの声を取り次ぐ「伊藤青年」なる人物が現れ、日本ペンクラブ会長もつとめた作家芹沢光治良《せりざわこうじろう》が帰依し、小説にしたためたことから、その写真、言行録（カセットテープ、その文字を起こしたもののコピー）が広く流布した。二人の間柄については、彼らを表紙にした『神は降りたのか』（大野：一九九一）が刊行され、いっそう話題を集めた。

もちろんこうした動向に天理教は厳しく対応してきた。先のみきの座像をめぐっては、所有権に関して、天理教は関係者と係争になり、高額の買い取りを持ちかけられたともいわれるが、応じなかったという。

いっぽう、教団調査課が昭和二十四年から翌年にかけて、こうした異端的動向の大規模な調査を実施。その報告書である『本教類似宗教第一次調査報告書』には、座像奉賛の天倫教には「本教への皆無なり」、井出くには「死亡後は教勢衰微に向かひつゝある現況なり」と記されている。また伊藤青年については、平成四年（一九九二）十月九日付で懲戒・除籍処分とし、さらにそれと前後して天理教青年会が機関誌『あらきとうりよう』で「信仰の陥穽」（一五四号、一九八九年一月）、「亜宗教の時代」（一六六号、平成四年一月）、「教祖存命の理」（一六九号、一九九二年十月）と題する特集を組み、芹沢光治良と伊藤青年を含む、分派活動に対する批判を行っている。

教祖の見えない力を奉じる天理教と、見えない力を具象化（見える化）しようとする運動との対立であり、その具象化には写真という媒体が効果的に用いられた。

聖なるものは伝えられるのか

教祖を写真に撮り、これを公にすることに教団が慎重になることは十分に理解できる。神社・仏閣で建物ならいざ知らず、神鏡や仏像など礼拝の対象にカメラを向けようとする時、程度の差こそあれ、だれしも周囲を見渡し「No Fhoto」マークがないか気になるだろう。そこには撮影という行為の有する侵襲性、逆に聖なるものへの不可侵性の通念が横たわっているのかもしれない。だから写真ではカタチは伝えられても、聖なるものは伝わらず、もっというと伝えてはいけない発想である（このあたりは本書執筆の写真家と議論をしてみたいところだ）。

また容易に複製が可能で、それゆえ教団の思惑から離れて聖なるものが一人歩きすることへの抵抗や警戒感も教団にはあるだろう。たとえば敗戦直後の混乱期に「踊る神様」として世間の耳目を集めた天照皇大神宮教《てんしょうこうたいじんぐうきょう》の教祖北村《きたむら》さよは、教団で「大神様」とよばれ、教典『生書《せいしょ》』はさよの言行録であり、記録映画『大神様』は畏敬の念をもって観られる。しかし非信徒が『生書』をコピーしたり、映画をダビングしたりすることに教団は極めて慎重である。聖なるものは教祖の言葉や姿によって現れ、広めていくものとされるものの、それが印刷物やデジタル情報として複製されることは潔しとされない。聖なるものを伝えたいが、それが言葉や画像によって伝えられるのかという疑問が教団人にはあるに違いない。

積極的に布教を行っていたが、教団の置かれた環境や代替わりによって教祖や教団代表者が表に出なくなることもある。前述の天理教教祖三十年祭を背景にした分派運動のひとつの「ほ

村上重良『ほんみち不敬事件』（講談社、1974）より

んみち」、さらにその分派の「ほんぶしん」は、そうした教団である。

天理教の天啓の伝統を継承するという、ほんみちの教祖（「甘露台《かんろだい》」という）大西愛治郎《おおにしあいじろう》（一八八一～一九五八）も、中山みきの再生と主張する、ほんぶしんの教祖（「みろく」という）大西玉《たま》（一九一六～六九）も写真があり（二人は親子で、写真左から三番目が愛治郎、四番目が玉）、一時期は積極的に布教を行っていた。

ほんみちはその教義内容と積極的な活動で昭和三年に不敬罪に、昭和十三年には治安維持法と不敬罪に問われ、大規模な取締りを受けることとなった。ほんぶしんは昭和三十七年にほんみちから独立し、天理教祖再生の布教活動を展開していたが、さらにそこから分派が相次ぎ、昭和四十四年には玉が死去した。いまは両教団とも現在の教団代表者の姿を教団外に伝えることはない。

情報化のなかで教祖をどう描くか

逆に教祖の聖性を積極的に写真で説明する場合もある。「世界人類が平和でありますように」のピースポールで有名な白光真宏会《びゃっこうしんこうかい》の教祖五《ご》井《い》昌久《まさひさ》（一九一六～八〇）には「霊光写真」とよばれる円光のポートレートがある。彼はこれを「肉体と霊光との間に密接なつながりがあった」とし、「カメラの目は、はっきりと普通人との差を見出した」（五井：一九七六）とする。そしてこの文書のPDFとともに霊光写真を教団公式ウェブサイトに掲載している。

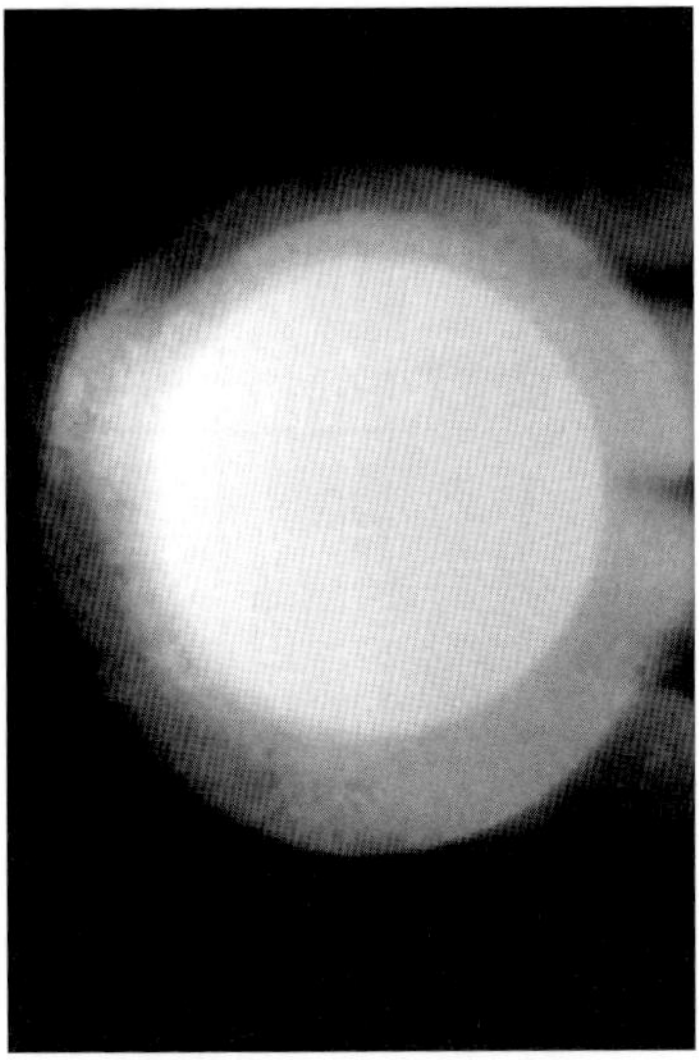
白光真宏会公式ウェブサイトに掲載されている「霊光写真」

　これまでの教祖と同列には置きづらいが、オウム真理教の麻原彰晃《あさはらしょうこう》（一九五五～二〇一八）も教団設立当初から教団刊行物に有名な空中浮揚の写真を掲げ、「筆者が見せた「空中浮揚」の奇跡／完成間近なことを示す」という説明が添えられ、次のページには半裸で屋外で瞑目する姿に「筆者に最終解脱が訪ずれ《ママ》た瞬間／（'86年7月、ヒマラヤにて）」と記されている（麻原：一九八六）。

オウム真理教の場合、教祖（「尊師」という）だけでなく、信者の神秘体験や超常体験の瞬間が写真で月刊誌の巻頭を飾り、教団や修行階梯の明確さや正統性を強く主張する内容になっている。いずれも教団からすると不可侵性を帯びた聖なる体験が世間に出回ることで誤解を招いたり、場合によっては加工・改ざんされ、教祖の聖性を損なう危険性があったりする写真が惜しげもなく公開されている。むしろ写真だからこそ伝えられる聖性が模索されたといっても過言ではない。

近年、SNSの一般化により、教団広報もここに参入するようになり、私たちは手持ちの端末から教祖の姿を見ることができるようになった。いっぽうで、先のほんみちやほんぶしんや天照皇大神宮教のように信者数が数十万人の大教団でも、いまだに教団公式ウェブサイトすらもたないところもある。情報技術の問題ではなく、情報公開に関する見識と見ていいだろう。ただこうした教団は例外的で、多くは教団代表者の画像や動画も含め、どう聖なるものを公開していくのか検討を重ねているものと思われる。写真で伝えうる聖性に加え、動画だからこそ、ホログラムだからこそといった効果的な表現方法も見いだされていくことだろう。

情報化は、あらゆるものを等しく白日のもとにさらし、それは聖なるものも例外ではない。そしてさらされた聖なる人物、体験、出来事は、他の事象と同じように並べられ、吟味され、時には批判にさらされることもある。それに抗して教団が聖なるものを秘匿し、その聖性を保持することも可能だが、聖性を伝えることを布教や教化と考えると、その姿勢を貫き通すことは難しい。写真をめぐって教祖の聖性をどう伝えるのか伝えないのか、せめぎ合いは続く。

（東京工業大学教授）

〈主要参考文献〉

麻原彰晃『生死を超える』オウム、一九八六
井出國子『みのこころゑのはなし』吉田廣輝発行、一九二六
大野陽子『神は降りたのか』アメニティ・サイエンス、一九九一
五井昌久『聖なる世界へ』白光真宏会出版、一九七六
天理教道友社編『ジュニア版　天理教の歴史3—おやさまに導かれた人びと』天理教道友社、一九八五
豊嶋泰國『天理の霊能者—中山みきと神人群像』インフォメーション出版局、一九九九
服部武四郎原作・中城健雄作画『劇画　教祖物語　愛読新装版』天理教道友社、二〇〇八

格闘する人――人間を超えた存在に向かって

写真家　甲斐啓二郎

祭事という場は、まったくもって不思議な空間である。

普段の我われの生活に馴染まない「なぜ?」という行為が、この空間ではなんの疑いもなく行われる。とくに私が撮影する祭事は、格闘的でひじょうに荒々しい祭事だ。ご利益のあるものを手にするために、身体をぶつけ合い、叫び、ときには殴り殴られもする。一言でいってしまえば、暴力的である。今の時代、顔をしかめる人もいるだろう。だが、どの祭事も数百年の歴史があり、これらの「なぜ?」という行為が連綿と続いているということを、私は考えなければいけないと思っている。

撮れてしまった写真

祭事を撮っているといっても、それを俯瞰して説明的に撮っているわけではない。祭事の場がつくり出すエネルギーの渦に揉まれる人びとを、私自身その渦中に飛び込み、揉まれながら、その人びとに迫るように撮影している。

だが、はじめからそのような撮り方をしようと考えていたわけではない。この撮影手法に至ったのは、撮れてしまった写真に気づきをもらったからである。

イングランド中北部の町アッシュボーンで行われるShrovetide Footballを撮影しに行ったときのことだ。Shrovetide Footballとは、現代のサッカーやラグビーの起源となったもので、町全体がフィールドとなり、群衆がボールひとつを奪い合いゴールまで運ぶという、謝肉祭の最終日（告解の火曜日Shrove Tuesday）にひと暴れする祭事である。

私は、フットボールの原風景を撮り、歴史を掘り下げ、文化としてのスポーツを撮って作品としてまとめられないかと考えていた。だが、私は祭事の場がつくり出す空気にすっかり飲み込まれ、参加者のごとく群衆に分け入り、人を押しのけ、あるいは突き飛ばされながら撮影をしていた。当初の目的は頭から消えていた。カメラをもっていることで撮影することを忘れていなかったのは幸いだったが、撮影された写真は自分が撮ったものにもかかわらず、フットボールのボールがほとんど写っていないため、いったいなにをやっているのか理解できない写真ばかりだった。

だが、そこには集団で狩猟でもしているかのような、なにかを必死に捉えようとする生々し

写真集『骨の髄』より
「Shrove Tuesday」Ashbourne,England,UK, 2012 ©KAI Keijiro

写真集『骨の髄』より
「Shrove Tuesday」Ashbourne,England,UK, 2012 ©KAI Keijiro

い人間の姿が立ち現れていたのである。

たしかにこれはフットボールの原風景であり、文化としてのスポーツかもしれないのだが、それを超えて、根源的な人間の動物性、暴力性にすっかり惹きつけられてしまった。

撮影中の私は、ボールがあると思われる場所に必死に近づこうとするあまり、なにが見えていたのか記憶にない。カメラという機械のおかげで、私あるいは参加者が見たであろう、いや、見えていなかった景色を写真で残してくれた。

私はそんな写真群を眺めながら、参加者が追いかけているのはボールであってボールではないのではないか。私を含め、なにを見てなにを追いかけていたのか。なにと闘っていたのか。そんなことを撮れてしまった写真から突きつけられたのである。

それからというもの、私は世界各地の格闘的な祭事を追い求めることになる。長野県野沢温泉村の道祖神《どうそじん》祭り、秋田県美郷町の竹うち、ジョージアのLelo、ボリビアのTinku、そしてイングランドのShrovetide Football。どれも格闘的で荒々しい祭事に飛び込んで撮影し、写真集『骨の髄（英名:Down to the Bone)』（二〇二〇年）にまとめ、原初的な人間の姿と人種や国籍、時代などでカテゴライズできない、人間の基層に流れているものを可視化してきた。

写真集『骨の髄』より
「手負いの熊 / Wounded Bears」Nagano Prefecture, 2015 ©KAI Keijiro

写真集『骨の髄』より
「Charanga」Macha,Bolivia, 2017 ©KAI Keijiro

裸という恐怖

それに続く作品として、私は日本の裸祭りを撮影した写真集『綺羅の晴れ着（英名：Clothed in Sunny Finery)』（二〇二三年）を上梓した。なぜ裸なのかという疑問を抱えながら、撮影手法は変えず、群衆のなかに身を投げ撮影してきた。

撮影地のひとつ、三重県のざるやぶり神事では、私自身も裸になり、裸にカメラという格好で撮影させてもらった。たしかに私の方から、群衆のなかで撮りたいと関係者にお願いをしたのだが、「ふんどし出すから一緒に裸になれば良い」といわれたときは、正直恥じらいと戸惑いがあった。だが、結果としてこの経験は、なにごとにも変えられないものとして、私の身体に刻み込まれた。

見知らぬ者同士、裸でぶつかり合うというのは心地のいいものではない。想像してみてほしい。見知らぬ者の汗で濡れた肌と自分の肌が触れ合うときの感触、そして闇夜に漂う体臭。それは、恐怖以外のなにものでもないだろう。しかも、体臭は出どころがわからないためか、妙な存在感があり不気味だ。

ある祭事の由来を調べると、「身体の自由を得るため裸になった」とあったが、それはたしか

写真集『綺羅の晴れ着』より
「綺羅の晴れ着 / Clothed in Sunny Finery」Okayama Prefecture, 2018 ©KAI Keijiro

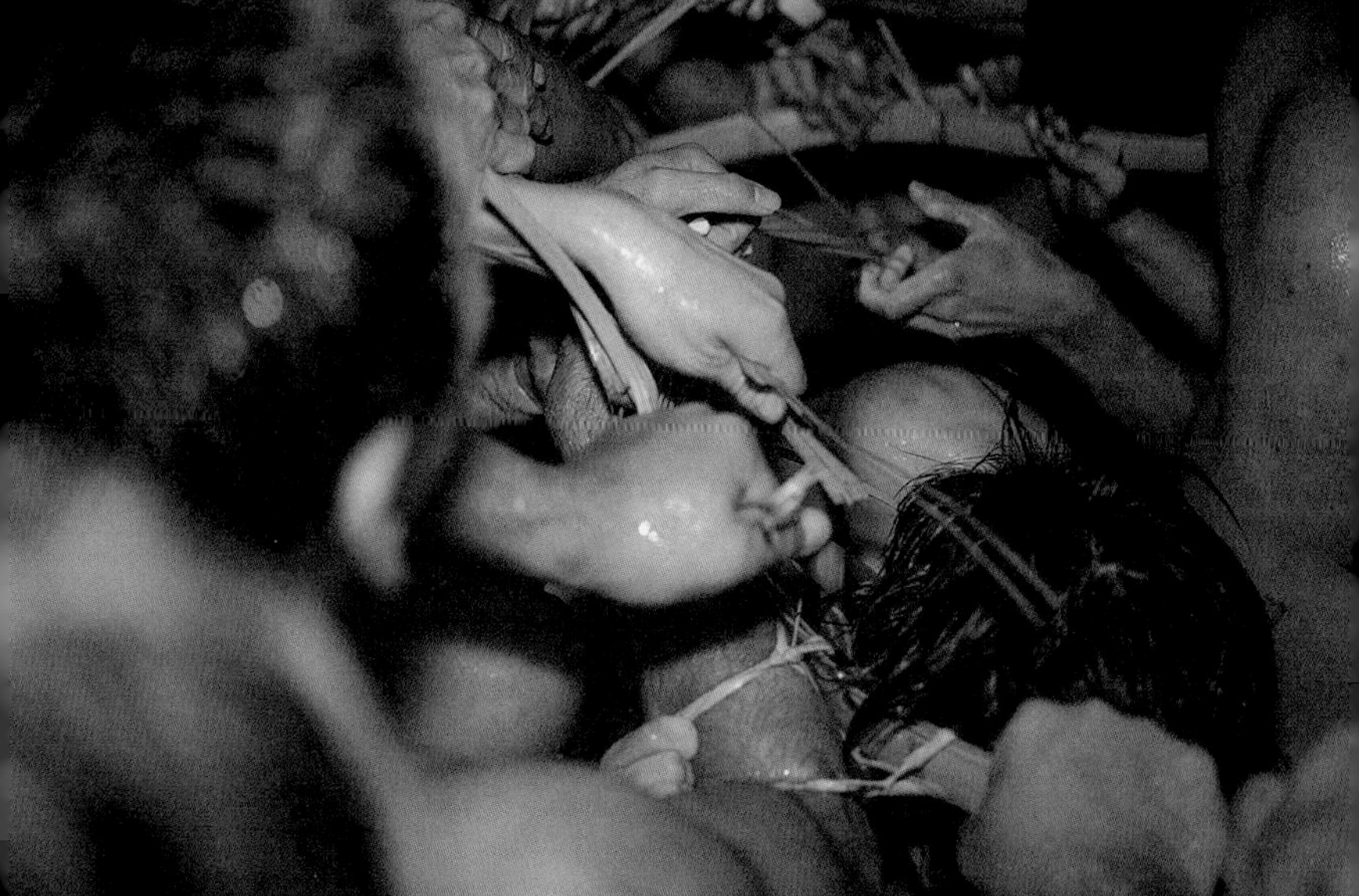

写真集『綺羅の晴れ着』より
「綺羅の晴れ着 / Clothed in Sunny Finery」Mie Prefecture, 2019 ©KAI Keijiro

にそうかも知れないが、私はむしろ、この恐怖心を植え付けるために裸になったのではないかと思ったほどだ。

だが、それはあながち間違っていないのではないかと思う。なぜなら、その恐怖心こそが、参加者を駆り立てるからだ。参加者の感覚を鋭敏にし、野性を炙り出させるのは、まさにその恐怖心だ。

そういい切れるのは、それを体感し経験できたからだ。

その恐怖は死を予感させ、それに抗うように個の激情が群衆に伝播していく。そこには死に抗う生のエネルギーが充満してくるのである。

ありのままの世界

昨今猛威を奮っている新型コロナウィルス、地震、噴火、豪雨、さまざまな自然災害を我われは見てきたし経験してきた。善人だろうが悪人だろうが、それは関係なく襲いかかってくる。それはあまりに平等であり、理不尽である。そんな自然の理不尽さのなか、我われは生きている。だからこそ、人間は祭事という場を用意し、思うようにならない自然あるいは神というものに対し祈ってきた。

格闘の祭事というのは、痛みや困難、恐怖そして理不尽を伴うものだ。ひょっとしたら、神がそんな自然の理不尽さを実践的に経験する場として、格闘の祭事を用意したのではないかと考えるのは、私のロマンチズムが過ぎるだろうか。

いずれにせよ、私はそこにカメラを持ち込み撮影してきた。私の身体を動かし撮影させたのは、祭事がもつ場所の力であり、人間を超えた存在に向かう人間のプリミティブなエネルギーである。

今までの私の作品の著者は、カメラあるいは私の身体であり、「わたし」は、撮影には関与していない、といってもいい。だいたい、イメージを思い描いて撮りに行っても、その通りに撮れる世界ではないし、私は「わたし」を超えた写真を期待している。

そうして撮影された写真の世界は、何者かの世界であり、格闘する人、格闘する祭事のありのままの世界が広がっている。そこに、古から続く我われのあまりに切実な祈りを見るのである。

あたため戯れる――ザールを撮る

映像人類学者　川瀬　慈

揺さぶり起こす

せまい部屋の中は煎られたコーヒー豆から出る煙で真っ白に曇る。乳香の塊が焚かれ、香炉からもくもくと煙が立ち上がる。息苦しい。ついはげしくせき込んでしまう。飲めといって出された蒸留酒／アラケをまえに、それを飲もうか飲むまいか躊躇する。気分が悪くなり撮影どころではなくなったことが過去にあったからだ。

人々は円陣を組み、楽師の演奏にあわせて手を叩き騒ぐ。湖に、砂漠に、荒地に棲息するといわれる精霊／コレを揺さぶり起こし、この儀礼／ザールの空間におびきだすのだ。

精霊は人々と夜通し戯れる。霊媒は精霊によってのりこなされる馬、すなわち精霊の馬／アウォリヤ・ファラス（以下、現地での呼びかけ方にならい〝馬〟と呼ぶ）とされる。精霊に対

以下、すべて映画『精霊の馬』（川瀬慈監督）より

しては御礼／シラットゥを与える。家畜や金、衣服、コーヒー豆や砂糖をささげなければいけない。今晩の馬である中年の女性は上半身を旋回させ、前後に揺らす。私もその動きにあわせ、カメラを前につき出しては引き、出しては引き、左右に揺らす。そうすることによって空間を〝あたためる人〟／アムァムァキとなるのだ。この場合の〝あたためる〟は、室温の高低に言及するものではない。太鼓のリズムと弦楽器の旋律によって、歌と踊りによって、もくもくとたちあがる煙によって、空間の密度を徐々に高め、濃くしていくことを意味する。あたためかたが足りないと場は冷めたままとなり、精霊はやってこない。それどころか、不機嫌になり、黒オリーブの若葉を喰って火の中で踊り、その場に関わる者たちに災いをもたらすのだという。

場をあたためる行為に欠かせないのが楽師アズマリの存在だ。アズマリは結婚式、洗礼式、新築祝い等の祝祭の場や酒場において、弦楽器マシンコを演奏しながらほめ歌を歌う。人々を笑わせ、おでこでチップをうけとる道化師なのだ。しかしザールの場では儀礼の進行をつかさどる重要なコンダクターでもある。ふだん眠っている精霊を歌と演奏によってたたき起こし、人々が精霊の呼吸に同期することを促すのである。

アズマリの役割

気まぐれで獰猛な精霊が相手のザールはやっかいでもある。アズマリはザールの演奏の場へは複雑な気持ちで赴く。ザールは、アズマリたちが信仰するキリスト教エチオピア正教会（エチオピア北部の代表的な宗教である）の修道士からは邪教として疎んじられているため、そのような場に関わることはうしろめたいのである。しかしながらアズマリにとって、ザールで演奏する際の報酬は普段の演奏機会と比して高額であり、決して悪くないというのも事実である。

それぞれの馬には、お気に入りのアズマリがいる。特定のアズマリと十年以上のつきあいを持つ馬などざらにいる。アズマリは精霊の出身地や性格にあわせて歌い方を変える。旋律を変えたり、リズムパターンを変えたり臨機応変に対応する。アズマリはどの精霊がどんな歌を好

むかし驚くほどよく知っている。古い伝承歌を好む精霊もいれば、はやりのポップソングを好む精霊もいる。

セイフチャンガル

アズマリを通して、様々な精霊に挨拶をしてきた。カメラを持ちながら〝あたためる場〟に参加してきた。精霊はトリッキーでもある。こちらの撮影を嫌がる者もいれば、逆に撮影してくれとせがむ者もいる。私が持参する小型の撮影照明ライトで照らされることを好み、光や影と喜々と戯れる者もいる。

勇者セイフチャンガル 荒地の王者よ
彼が獲物をしとめるときは決して外さない
彼が約束をすれば決して裏切らない
シミエンの神よ　平和と喜びをもたらしたまえ

ああ神よ　平和と喜びをもたらしたまえ
ああセイフチャンガルよ　平和と喜びをもたらしたまえ

単調なペンタトニックのフレーズを延々と繰り返しながらアズマリは歌い上げる。彼の奏でる旋律に呼応するかのように、人々は喉の奥から、ぜえぜえと声を出し、体を激しく揺らす。揺らすというよりは、ほとんど痙攣に近い動きも見受けられる。

すると、突然一人の女性が部屋の中央に踊り出て、髪の毛を振り乱し上半身を激しく旋回させ始めた。そうして叫び名乗りをあげる。全員が一斉に「イルルルルルル……」と喉の奥から歓喜の声／エリルタを出す。精霊がこの場にやってきた証だ。セイフチャンガル、セイフチャンガル、古い精霊だ。するどい鞭で我々を打つ、いたずら好きのあいつがやってきた。ミシエル・レリスの『幻のアフリカ』にも現れたあいつのことだ。

ザールの醍醐味

踊り歌い狂う宴の場はひと段落する。ここから、延々と語りのセッションが展開する。精霊と人々による議論、いやおしゃべりだ。その内容は多岐にわたる。子供を授かるための相談か

ら夫婦間、あるいは嫁姑間のいざこざ。さらには、なくしもの探しや子どもの学業成績の向上。人々は精霊を前に、あらゆる悩みごとを吐き出していく。これらの濃厚なやりとりに圧倒される。論理的で、理路整然とした話が交わされることは少ない。わけのわからない、はちゃめちゃなやりとりがほとんどである。いずれにせよ撮る。揺れる。撮る。あたためる。

するとセイフチャンガルは私の目を見て叫ぶ。

おまえのカメラを俺によこせ
さもなければお前のペニスを
シュムシュムシュムとナイフで切り取ってやる

これは厄介な展開になってしまった。カメラを渡すわけにはいかない。かといってどうすればよいのだろう。これは演劇なのだろうか。それともカウンセリングなのか

ビジネスなのか。問題の解決をめぐる議論？　いや、そのすべてであり、そのすべてではない。人も精霊も夜通し戯れ、その場を喜々としてあたためあう。そこに答えがあるのだろう。

〈解題〉

私が長年人類学研究のフィールドワークを行うエチオピア連邦民主共和国北部の都市ゴンダールでは、ザールとよばれる儀礼にでくわすことがある。ザールは北アフリカから中東にかけての幅広い地域に分布するといわれる。瞠目する憑依現象をともなうゴンダールのザールは、多くの人類学者の関心を集めてきた。

エチオピアの地域社会において、音楽・芸能をなりわいとする職能集団の役割は大きい。ゴンダールでは、弦楽器マシンコを奏でて歌う、アズマリとよばれる楽師たちがザールに呼ばれ演奏を行う。アズマリは王侯貴族お抱えの楽師、社会批評家、レジスタンス、戦場で兵士を鼓舞する係、コメディアン、道化師等、古よりさまざまな顔をもってきた。

アズマリは現在、結婚式や洗礼式等の祝祭儀礼、さらには酒場や宴会において歌い、人びとを楽しませる存在として庶民の生活になじみが深い。そんなアズマリであるが、ザールの霊媒とは長期にわたり、活動上のパートナーシップを結ぶ。アズマリは、歌と演奏を通して儀礼の場に精霊をよび寄せ、霊媒の活動を支えるのである。

私はアズマリを通して多くの霊媒に出会い、彼ら、彼女たちが行うザールの場に参加してきた。そのようななか、二〇一〇年のエチオピア現地での調査時に、ゴンダールにおける著名なザール霊媒、マレム・ムハメッド氏が行うザールを撮影した。記録映像をまとめ、短編映像作品『精霊の馬』(英語タイトル:When Spirits Ride Their Horses、二十八分、二〇一二年)を制作した。本稿は、この時の体験をもとに書いた。

(国立民族学博物館准教授)

写真家と研究者で、失敗写真を考える②

港　千尋・平藤喜久子

ストロボを上手に使いこなして祭りを撮る

平藤　つづいては、いくつもの失敗写真が寄せられたテーマで、「祭り」についてです。**F**は民俗学の飯倉義之さんが撮られた、東京の北区で毎年大晦日に行われる、「王子狐の行列」という行事の写真ですが、どこを撮ったらいいのかわからなくて、混乱してしまったそうです。そこで、どこに注目して撮ると、なにを撮りたかったのかわかるような写真になるのかというご質問がありました。

港　撮影されているのは夕方でしょうか。これはプロでもひじょうに苦労する撮影条件だと思います。まず人混みがあって、おそらく街灯などのフラットなライトしかなくて、しかも行列は動いている。悪条件が重なっているわけです。そうなると、まずそのお祭りがどういう祭りなのかということを下調べして、行列がどこから出発して、どこに行くのかという動線と、どこだったら撮りやすいのかなどを考えながらポイントを決めます。

そして夜のお祭りの場合には光がありませんので、ストロボ、フラッシュを使うというのが一つの解決策です。誰もフラッシュをたかないところでは気が引けるかもしれませんが、いい写真を撮ろうと思えばむしろそうした人工的な光を積極的に使うことも必要だと思います。

それから、これは少し専門的な話かもしれませんが、シャッタースピードをある程度遅くしておいてストロボをたきますと、ストロボの光が当たる部分の輪郭が出て、ゆらっとします。そうすることでディテールを浮き上がらせるというテクニックもあります。

平藤　Gは、宗教学の深澤英隆さんから提供いただいた失敗写真

F　飯倉義之撮影

G　深澤英隆撮影

で、山梨県富士吉田市の「吉田の火祭り」なのですが、これもストロボが必要ですか。

港　ここまで暗いと、もうストロボしかないように思います。ただストロボだけだと法被《はっぴ》が真っ白に飛んでしまって、火祭りなのかなんなのかわからなくなるということもありますから、こういうときにもシャッタースピードをある程度遅くして、少し空が見えていますから、光を取り込みつつ人物をストロボで浮き上がらせるといいかもしれません。多少この炎は流れてしまうと思いますが、その流れている炎や、火の粉、そういったものも火祭りの雰囲気を醸し出すのではないでしょうか。そうした撮り方に挑戦してみるといいと思います。

平藤　お祭りはたくさん人がいるので、撮る側が目移りして、いったい何を撮っていいのかわからなくなるということについてはいかがでしょうか。

港　群衆を撮るのは誰にとっても難しいのですが、顔をよく見ているかどうかが大事です。私自身は八〇年代から群衆をテーマにしてきましたが、群衆を塊として見ながらも、そのなかに目立つ顔や気になる顔、印象的な表情を見つけ、一人でも二人でも目がいくようになれば、確実にいい写真が撮れると思います。

平藤　そのポイントは、たとえば神輿《みこし》などのモノではなく、人のほうがいいのですか。

港　もちろん神輿も見事なものですが、祭りの主役はやはり人でしょう。

平藤　確かにそうですね。博多の祇園祭《ぎおんまつり》でいえば山車《だし》も見事だけれども、それを担いでいる人たちを見たいから、見物しているわけですね。

港　自分が本当に見たいものをよく見るというのが基本だと思います。

平藤　ファインダーをのぞいた瞬間に、全体を収めよう、記録しようとしてしまうのではなく、この人は面白いというポイントを見つけるのが先ということですか。

港　長野県諏訪《すわ》大社《たいしゃ》の「御柱祭《おんばしらさい》」という有名なお祭りがありますが、「木落し」のときにどこを見るか、誰を見るかというのは大きなポイントです。先頭に乗っている人を見るのか、それとも後ろのほうで綱を最後の最後まで放さないで必死になっている人を見るのか、どこに焦点を合わせるかでドラマも変わってくると思いますし、もしかすると沿道にいる人がいい顔をしているかもしれない。シャッターは何百回何千回と切られるわけですが、何万枚あってもこの表情は一枚しか撮れないという、それがお祭り写真の面白いところですね。

平藤　なるほど。お祭りも行きたくなります。撮りたくなります。

港　ぜひストロボをもっていってください（笑）。

空気感を表現するためには、カメラの機能をよく知るべき

平藤　これは宗教や民俗を学ぶ人の独特の悩みかもしれないのですが、宗教的な場やモノの空

H　川嶋麗華撮影

気感、そして神聖な雰囲気を写真で表現するには、どういう工夫があるでしょうか。Hは、「野焼き」という遺体を火葬した焼き場の跡で、民俗学の川嶋麗華さんから提供いただきました。こうした宗教的な場や、ほかにも宗教施設など建物を撮るときに、それが単なる風景や建物になってしまって、神聖なものだという感じがしないという悩みが寄せられています。

港

手前から奥まで、どこからどこまでピントが合うかという範囲を被写界深度といいます。そして、だいたい全体に焦点が合うことをパンフォーカスといいます。建物などを撮るとき、全体を撮ろうとするとどうしても広角のレンズを使います。すると写真は被写界深度が深い、パンフォーカスの写真になります。そうすると、実際にその場所で見ていた人ができあがった写真を見ると、どうしても違和感を覚えてしまう。なぜなら、そういう特殊な場所に行く人は、心のフォーカスをひじょうに狭い範囲にあてて、視線を一点に集中させています。ところが写真に撮ると、まったく関係のない奥の木まで写ってしまう。つまりそれは、余計なものが写っているということになる。これは今のカメラの特徴で失敗しないようにできているので、ある程度暗くても、早朝でも夕方でも、全面にピントが合うような自動的な露出——増感といいます——をしています。その結果、できてくる写真がフラットになる。

そこでアドバイスとしては、自分が本当に感じたもの、場所だけにフォーカスして、背景なり手前はぼけてもいいと考える。距離を意識して、この距離からこの距離だけが撮れるような露出にするということです。パンフォーカスにすると、どうしても平板な写真になってしまいます。

平藤　なにか教材になるような写真はありますか。

港　宗教施設ではないのですが、**I**（次ページ参照）はドイツにある、第二次世界大戦後に開かれたニュルンベルク裁判の法廷として使用された建物です。現在はニュルンベルク裁判記念館となっています。史料の陳列が主な役割ですから、普通に写真を撮っても平板になってしまうので、まずモノクロームにしてみました。この日はどんより曇り、雨も降っていましたが、建物の裏窓を少し開けてみて、あえて桟を画面の中央に入れてみました。窓から見えているのは刑務所だったと思います。

K（次ページ参照）は、建物の内部で、コンピューターのスクリーンがたくさん並んでいて、ここで裁判の歴史をデジタルアーカイブで見ることができる部屋の様子です。なんとも味気のない場所ですが、ヨーロッパ、アメリカからたくさんの若い人が来て、熱心にデジタ

I　港千尋撮影

K　港千尋撮影

ルアーカイブを見て調べものをしている。その雰囲気をどうやって撮り、再現するかを考え、これもあえて半逆光で、少しコントラストを強めにして撮ってみました。こうすると手前はボケていますが、ある程度立体感が出ます。

このように絞りを操作し、モノクロを選択し、あえて影を入れて陰影をつけることによって、平板に見える空間でも自分が感じたことをある程度伝えられるようになるわけです。こうしたことは、やっぱり撮影の工夫ですね。

平藤　カメラを通して自分がしたい表現をするためには、もっとカメラの機能を知らないといけないということですね。

港　一般の方も含めて、皆さんがお持ちのカメラはいいカメラが多いと思います。アナログカメラの時代とくらべると、十倍も二十倍も性能がよくなっています。ただ、たとえるなら時速三〇〇キロ出せるフェラーリに乗っているのに、五〇キロで走っているようなものです。そうした違いが、写真に反映しているのかもしれません。

祈りを撮るには近い距離で

平藤　そして宗教的な空間の撮影で悩ましいのが、やはり人です。**L**（次ページ参照）はギリシャのアテネの中心部にある教会で、祈りながらイコンに口づけをしている人を写したものです。しかし、敬虔な雰囲気がうまく伝わらず、隠し撮りのようになっています。

こうした場合、祈っているところを撮らせてくださいと伝えるべきなのか、ただいっぽうで、構えてしまっているところではなく、普通の人が教会を訪れて毎日のように祈っている瞬間を撮りたいわけです。なにか工夫はありますか。

港　お祈りをしているところでは、まず音がしませんし、シャッター音すらはばかられるという雰囲気ですから。でもその雰囲気を撮りたいというのはすごくわかります。隠し撮りのようになってしまうのは、じっさい、隠れて撮っているからです。そうではなくて自分もイコンの前に立ち、一礼をして、つまり真横に立って、その後、少し横を向いて撮るといいのではないでしょうか。そうするとお祈りをしている人とまったく同じ位置で、同じ姿勢で撮れますので、隠れて撮るという後ろめたさも消えると思います。撮られている人とできるだけ近い心の状態に自分をもっていき、離れて冷たい視線を投げかけるのではなくて、共感しながら撮るというのが、こういう場所では効果的だと思います。

L　平藤喜久子撮影

似たような構図の例を挙げましょう。モンゴルの古都カラコルムという街がありますが、**M**はそこにある有名なお寺の一シーンで、仏座に向かって拝んでいる子どもです。ぶれているのは何度も頭を下げているからです。どうやって撮ったかというと、自分も同じようにまず一礼して手を合わせます。横を見たら子どもが何度も何度も頭を下げている。そこを一枚パチリと撮りました。撮るときにリラックスした開かれた気持ちで撮りたいと思ったわけです。そのためには、このぐらいの距離まで寄るといいと思います。

Nは、これもモンゴルですが、カラコルムまでの道すがら、いきなりドライバーさんが車を止めまして、途中のお店で買ったミルクを取り出して、封を切ってなにか唱えながらあたりにまき始めました。なにをしているのですかとガイドさんに聞いたら、彼の祖先の魂があ

M　港千尋撮影

N　港千尋撮影

る山に向かってお祈りをしているということでした。

平藤　白く写っているのがミルクですね。

港　そうです。ミルクができるだけきれいに写るように、シャッタースピードをかなり速くしています。ただ、背景の車や道はあまりはっきり写したくなかったので、絞りは開放に近いところで撮影してみました。これもお祈りの一つの形態ですから、離れて見るとわからなくなってしまう。お祈りを撮るときは近い距離がいいですね。表情がわかりますし、しぐさから心の動きまで写るかもしれません。

平藤　撮っていることを隠さない、そういう距離感も大事ですね。

港　うまく撮れますようにと、私もお祈りしているわけです。

（216ページ、③につづく）

第3部

先人たちのまなざし

柳田國男と／民俗学と「写真」――方法論の不在について

民俗学者　飯倉義之

「民俗学」と写真――研究法としての写真

柳《やなぎ》田《た》國《くに》男《お》（一八七五〜一九六二）が確立した民俗学と写真との関係は深い。民俗学者は、民俗学確立期の一九三〇年代から写真による民俗資料の記録と保存に期待をかけてきた。写真をライフワークとした民俗学者といえば、宮本常一《みやもとつねいち》（一九〇七〜八一）だろう。宮本はオリンパスペンSを愛機として旅の光景を撮影し続け、生涯に十万点を超える写真を残した。そのうちの一部は写真集として刊行されており、宮本常一記念館のある山口県周防大島町《すおうおおしまちょう》が公開する「宮本常一データベース」(http://www.towatown.jp/database/) でも大部分を閲覧できる。

また実業家で民俗学者・民族学者の渋沢敬三《しぶさわけいぞう》（一八九六〜一九六三）も写真を活用した一人である。仲間たちと自宅に施設博物館「アチック・ミューゼアム」を開設した渋沢は、昭和初期から調査の際に積極的に写真を活用し、生活風景や祭礼・芸能・年中行事・生業・民具などを撮影した。

宮本常一の著書『都市の祭りと民俗』（左。慶友社、1961）と『私の日本地図 天竜川に沿って』（同友館、1967）の表紙と中面

その範囲は国内のみならず朝鮮・台湾にまで及んでいる。また民具をレントゲン撮影して破壊することなく構造を知ろうとするという先進的な試みも行っている。渋沢の遺した約八千枚の写真は、アチック・ミューゼアムの後身となる神奈川大学日本常民文化研究所が公開する「常民研写真・映像資料データベース」(https://www.i-repository.net/il/meta_pub/G0000723jmpictures) で見ることができる。

国学者で民俗学者の折口信夫《おりくちしのぶ》(一八八七〜一九五三) も写真を重視し、戦前の沖縄採訪旅行での資料写真撮影や、国文学の研究対象であった演劇関係の写真・絵葉書の収集に努めた。折口の遺した写真については、本書川嶋論考をご参照いただきたい。

しかしながら柳田國男は、自身では写真を撮らなかった。が、写真というメディアの有効性は認めていた。山村調査や開村調査に派遣した弟子たちには貴重なカメラを必ず持たせて撮影を促し(このため、ドサ回りの写真家と間違えられた弟子もいるという)、地方の民俗学徒から送られてくる資料や図書の礼状に柳田自身のポートレートを印刷した絵葉書を用いるなどしたほか、映画カメラマン・三木茂《みきしげる》に協力して、民俗写真集のはしりとなる『雪国の民俗』(養徳社、一九四四) を刊行している。このように見れば民俗学者らは早くに写真の活用に取り組んだ、かのように思える。

箱根にある折口信夫の別荘に向かう柳田國男（右）と折口信夫
（成城大学民俗学研究所蔵）

柳田國男著・三木茂『雪國の民俗』（養徳社、1944）

「民俗」と写真――被写体としての民俗

民俗学が調査・研究の手法として写真による記録・保存に可能性を見出していくいっぽうで、民俗学が対象とする「民俗」はそれ自体が魅力的な被写体として発見され、戦後に「民俗写真」というカテゴリとして成立する。奥能登の「アエノコト行事」の資料写真を例として、民俗学と写真の間の緊張関係を論じた菊地暁は、「民俗」が被写体として確立していく経緯を以下のように整理している（菊地：二〇〇一）。

大正末期から昭和初期、日本写真界では絵画的表現を追求した「芸術写真」に対し、リアリスティックを追求する「新興写真」の潮流が生まれ、写真界に大きな影響を与えた。この潮流が、同時期の写真機材の量産化・廉価化、カメラの小型化・軽量化、公共交通機関の延伸とツーリズムの流行による旅行機会の増大とも響き合って、写真家たちの目を地方に息づく郷土性や庶民性、消滅しつつある風習に向けたとし、同時代の写真家として写真集『會地村』（一九三九）をまとめた熊谷元一《くまがいもといち》（一九〇九～二〇一〇）など幾人かの名を挙げるが、この時点では「民俗写真」は成立しておらず、自覚的な「民俗写真」の確立は戦後の芳賀日出男《はがひでお》（一九二一～二〇二二）の活動が重要だとする。

芳賀日出男『神さまたちの季節（左。角川新書、1964）と』『秘境旅行　そこに何かがある』（秋元書房、1962。右写真は中面）

芳賀は慶応大学で前述の折口信夫と東洋史家の松本信広《まつもとのぶひろ》、中国文学者の奥野信太郎《おくのしんたろう》の薫陶を受け、講義で聴いた折口の「まれびと」論から民俗を写真に撮りうることの可能性に思い至る。戦中・戦後の混乱を経て芳賀は「田の神」への関心を深め、学会連合調査への参加を経て学術との連絡も得て、個展をまとめた写真集『田の神』（平凡社、一九五九）を刊行する。個展も写真集も写真界の評判は芳しくなかったが、「アエノコト」を含む田の神儀礼を演出を抑え資料性を高めて撮影した芳賀の写真を、柳田をはじめとする民俗学者は高く評価した。その後、昭和四十年代のディスカバー・ジャパンを契機に商業メディアが芳賀の写真に注目し、コマーシャル・カットや商業誌や雑誌グラビアにおいて利用するようになって、広く世間に認知され、「民俗写真の第一人者」と認められるようになったとする。

以上の菊地の整理に補足すれば、芳賀の作品が喚起した「民俗写真」の需要は、美しい絵としての「民俗」を写真に収めたいという一般の写真愛好家にも共有されることとなり、民俗行事へのアマチュア・カメラマンの参加への呼び水となっていったと思われる。

同時にプロカメラマンにより撮影された「民俗写真」の価値もまた認められた。自身も民俗研究者を兼ねる須藤功《すとういさお》（一九三八〜）や内藤正敏《ないとうまさとし》（一九三八〜）の活動もあり、シリーズ『フォークロアの眼』全十巻（国書刊行会、一九七七）、『写真でみる日本生活図引』全八巻（弘文堂、一九八八）、『日本民俗写真大系』全八巻（日本図書センター、二〇〇〇）など、学術の側からの要請による写真集が企画されるに至っている。

民俗学における「写真」方法論の不在

このように、外形的には民俗学と写真は密接に連携しているように見える。実際、フィールドワークの入門書として大きな影響力を持った上野和夫ほか『新版民俗調査ハンドブック』（吉

静岡県富士宮市の村山浅間神社で行われる富士山お山開き式のみてぐらを撮影するカメラマンたち（2019年撮影。筆者知人提供）

川弘文館、一九八七）では「Ⅳ民俗調査の補助技術／4映像記録の方法」として、写真と動画の撮影法にそれなりのページが割かれている。にもかかわらず、民俗学において写真の方法論は確立していない。

民俗学者は調査先で写真は当たり前のように撮影する。がしかし、その整理・活用の方法論や、撮影における技術論は全く共有されていないし、議論も低調といわざるを得ない。民俗学において写真は現在、それがそこにあったという記録か、読者に現場を感じてもらうためのイメージ画像、あるいは調査者がそこに行ったという証拠立てとして挿絵や口絵に示される以上の意味を持たされていないというのが正味の話と言わざるを得ない。

現在の民俗学においても写真は「補助技

術」、ありていにいえば「説明やスケッチのかわり」「イメージの提示」としてしか機能しておらず、写真を活用しての民俗研究は低調である（あえていうなら川村邦光の家族写真の研究がある）。その確立の初期から写真という方法に注目してきたはずの民俗学は、現在においても写真を理論だてられず、充分に活用できていない。これはどういうことなのか。

「真」と「常」とのすれちがい

実はこの齟齬について、菊地前掲書は結論を出している。菊地は、柳田は写真の現実を切り取り保存する力は認めつつも、その利用については消極的だったと指摘する。柳田は山村調査・海村調査で弟子たちに撮影させた写真を報告書にはついに掲載しなかった。菊地は柳田の写真に対するスタンスが端的に現れている文章として『写真文化』一九四三年九月号の座談会「民俗と写真」を挙げ、そこで柳田は「作為を排除し自然な姿をカメラに収めること、演出の否定」を民俗学の求める写真作法として提示したが、それは「民俗語彙」を中心として「ゼネラル」な「日本」を追い求めようとした態度と同質であり、写真と言葉の方法の差異を「概念化できなかった」と整理している（菊地：二〇〇一、一六一頁）。

菊地が指摘するように、写真というメディアは柳田にとっては「私的な作為」が混入しすぎるものであった。写真を撮るには機材を選び、場所を決め、シャッターを切る画角やタイミング、露出、スピード、フォーカスほかあらゆる「作為」が介入せざるを得ない。柳田にとってはそれは「民俗」の現場に居合わせた記録者の「私的な」記録でしかなかった。写真は撮影者が「真」と思った一瞬を「写」し記録するものであり、柳田が望んだその場の「民俗」の全体を把握する「ゼネラル」な記録ではなかった。柳田が目指した民俗学と写真とは実は相性が良くなかったのだ。それは柳田が重視した、ことばを記録する録音技術との比較でより鮮明となる。

民俗学は写真と同時期に録音技術の積極的な取り込みを行っていく。戦後に普及し始める「デンスケ」と呼ばれた大型のオープンリールデッキの利用を皮切りに、録音の技術論・音声利用の方法論は口承文芸研究を中心に議論され、共有されて今に至っている。この差は写真が画角を定め、撮影者が「今」を切り取る必要がある写真に対し、録音は記録者をも含めた「場」をひたすらに全記録する装置であるということに起因するのではないだろうか。

録音は機器の周囲で展開された音声を取捨することなくすべて記録する。それは誰の作為もない、その「場」の全体的な記録といえる。録音は「常」をベタに記録するメディアなのだ。作為を排し「常」を記録することを目指す柳田國男の民俗学と録音技術は、柳田自身の言葉へのこだわりともあわせて、相性が良かったからこそ主要な方法として取り入れられ、技術論・方法論が展開されていったのではないだろうか。写真という方法を注視しつつも扱いかね、等閑視してきた民俗学の現状は、「柳田國男の写真観」の尻尾をいまだに引きずっているのかもしれない。

民俗学はその初発から現在まで、ものが存在し、ひとが活動し、ことばが交わされる場を、調査者の五感を超えて記録する方法を追い求めてきた。現在は、場を俯瞰して記録できるドローンや、場を3Dで記録できるスキャンアプリ等の発展が目覚ましい。こうした新たな技術は記録のありようを変えて研究の新しい領域を切り開き、柳田が写真に与えた軛をはねのけて行くのではないだろうか。むしろ柳田自身がそれを望んでいるように思われるのである。

（國學院大學教授）

〈主要参考文献〉

小川直之「民俗芸術写真と民俗研究」『折口博士記念古代研究所紀要』一〇（國學院大學、二〇〇七）
川村邦光『家族写真の歴史民俗学的研究　文部科学省科学研究費補助金研究成果報告書』全二冊（大阪大学、二〇〇八～二〇〇九）
菊地暁『柳田国男と民俗学の近代―奥能登のアエノコトの二十世紀』吉川弘文館、二〇〇一
芳賀日出男『写真民俗学　東西の神々』ＫＡＤＯＫＡＷＡ、二〇一七

宮本常一・毎日新聞社『宮本常一写真・日記集成』全三巻、毎日新聞社、二〇〇五
宮本常一・周防大島文化交流センター『宮本常一写真図録』全三巻、みずのわ出版、二〇〇七〜二〇一一
矢野敬一『写真家・熊谷元一とメディアの時代—昭和の記録／記憶』青弓社、二〇〇五

折口信夫と写真——「実感」を記録し、伝える

民俗学者　川嶋麗華

はじめに

折口信夫《おりくちしのぶ》（一八八七〜一九五三）は日本の民俗学の創始者である柳田國男《やなぎたくにお》（一八七五〜一九六二）と並ぶ代表的な民俗学者・国文学者であり、同時に釈迢空《しゃくちょうくう》という号で活躍した歌人・詩人でもある。折口は民俗を「生活の古典」として捉え、「古代」へと通じる実感を得ることを目的のひとつとして、各地へと採訪を重ねた。そうした採訪によって得られた実感をもとに数多の論考や詩歌がつくり出されていった。

折口のこだわりは、学者と歌人・詩人という両面からうかがうことができ、そしその二つを架橋するものが写真である。本稿では民俗学という学問とその根幹をなす民俗採訪に触れながら、写真にみる折口のまなざしを捉えたい。

峠道でカメラをもつ折口信夫。長野県・新野の雪まつり見学時（昭和6年1月。國學院大學折口博士記念古代研究所所蔵）

民俗採訪と「実感」

民俗学では黎明期である大正期から今日にいたるまで、さまざまな手法をもって、民俗の資料化とその検討を試みてきた。人びとから経験を「聞き書き」し、実際の儀礼や習俗を「観察」した内容を文章化する、というのがそのひとつだ。もうひとつ視覚化も重要である。早くから祭礼などのようすをスケッチ（図解）し、民具を図面に起こすといった手法がとられたほか、写真や映像、また近年では3Dスキャンといった方法も採り入れられてきた。

民俗採訪では民俗という「材料」を採集して記録を取っていくわけだが、折口は地方生活を「実感」的に取り込むことにも重きをおいた。昭和十年（一九三五）の日本民俗学講習会の講演を編纂した「地方に居て試みた民俗研究の方法」に民俗採訪の際の写生の苦労が語られている。柳田國男が『遠野物語《とおのものがたり》』を「感じたるまま」に書き記したように、柳田の初期の著作は紀行文の体裁である。折口はこうした柳田の民俗採集を「ある種の生活の写生」だと述べる。ここでいう「写生」とはありのままをスケッチするのではなく、作り手の感覚をも織り込みながら写しとることだ。しかし、折口自身は「始め写生態度を以てしても、時が経ってこれを整理し、収録しようとする場合は、実感がなくなり、表現が非常に不安になって来たりして、常に違ったもの」になると、民俗採集のなかで「実感」を含みながら写生することができずに悩んだ。作歌では「素材をすけっちしたときの直接経験に感情を移入」することで「生活」を表現していくのに対し、民俗採集では「忠実な生活記録を作成」する必要がある。とくに大正期に訪れた沖縄では方言による「こみいった採集」にひじょうに難渋し、せっかく遠方での採訪だからと「病的といっていい程」採集にあたったこともあって、得られた「材料」を書きとめきれなかったという。そうして、日々出てくる「材料の記録しきれない部分」がそのまま放置され、実感を失ってしまうことを嘆いた。実際、折口は大正期の沖縄・壱岐《いき》の調査以降、文章で写生する採訪記録という表現方法はとらずに、メモ書き程度に済ませるようになっている。

採訪で自身が捉えた「実感」を文章で記録することに限界を感じていた折口は、表現手段のひとつとして写真を用いもした。有名なのは『古代研究』[*1]（国文学篇）の口絵として掲載されたタブの木の写真であり、「追ひ書き」のなかで「二度の能登の旅で得た実感を、披露したかった」と写真を掲載した理由を説明している。

民俗写真とメディアの影響

民俗学者の井之口章次《いのくちしょうじ》（一九二四〜二〇一二）が「民俗学の成果は、まず雑誌活動の上にあ

＊1　折口信夫の代表作ともいえる全３巻の著作（1929〜30刊）。民俗学に基づいた日本古典の研究を行い、古代信仰、祭や民俗芸能などの考察を体系化した。

らわれてくるのが普通である」と述べたように、東京帝国大学を中心に隆盛を極めた西洋から輸入された「官の学問」に対して、当時、確固たる権威をもたなかった、いわば「野の学問」である民俗学は、雑誌メディアなどを中心に形成されていった（井之口：一九七〇）。

柳田をはじめとする研究者たちが民俗学のあり方について模索するなかで、数多の雑誌が刊行され、資料情報の提供や問題提起が全国から寄せられて、紙面上で交わされた。民俗学の黎明期にあたる大正期から昭和初期にかけては数年で休刊に至る雑誌も少なくなく、創刊と休刊を繰り返しながら民俗学の形成が模索されたのである（小川：二〇〇七）。

人類学者である坪井正五郎《つぼいしょうごろう》（一八六三～一九一三）らが『民俗』を刊行した大正二年（一九一三）、柳田と神話学者の高木敏雄《たかぎとしお》（一八七六～一九二二）によって、民俗学の雑誌を概観するうえで重要な『郷土研究』が創刊される。しかし、この雑誌は大正六年に休刊し、これを引き継ぐかたちで、折口らによって『土俗と伝説』が大正七年に創刊された。

『土俗と伝説』の刊行にあたり、折口は、「多少通俗的に」絵や写真も入れるということを、柳田に師事した信州の民俗学者である胡桃沢勘内《くるみざわかんない》（一八八五～一九四〇）宛の手紙で伝えており、実際に折口自身が寄稿した「だいがくの研究」にも「だいがく」の写真と図が含まれる。

それより先、大正二年に柳田らが刊行した『郷土研究』は挿絵のみだったが、折口は写真がもつ資料的価値を早くから認識しており、『土俗と伝説』では写真が重用された。『土俗と伝説』

は写真が掲載された最初の民俗学関係の雑誌だが、創刊の翌年には休刊となり、短命で終わる。その後に刊行された『民族と歴史』（大正八年創刊）や『民族』（大正十四年創刊）といった雑誌でも写真が用いられたように、大正中期から、徐々に民俗写真が重用されるようになった。

折口が参加する研究者の団体である民俗藝術の會は、昭和三年（一九二八）一月に写真の掲載を基本とする『民俗芸術』を創刊し、同年二月に各地の神事・芸能などの写真を集めた「第一回民俗芸術写真展覧会」を東京日本橋の三越呉服店で開催した。

同年四月には同展覧会の出陳写真を頒布し、昭和七年には「民俗芸術絵葉書」が販売され民俗写真の資料化と公開の動きへと繋がっていく。民俗芸術は、話に聞くだけでなく実際の現場を見ることが重要となる、「百聞は一見に如かず」の性質が強い。しかし、それまで京都・江戸などの大都市部を除いた広い地域では描画や撮影による記録がなく、それゆえに「郷党の間にのみ喧伝」されていたという。昭和初期からは民俗藝術の會などによる民俗写真の雑誌への掲載や展覧会を経て、写真・絵葉書へとメディア化が進み、各地に伝承された芸能や行事への認識と理解が広まっていった。

大正中期から昭和初期にかけて、カメラを所持する人は限られており、民俗写真を撮るには写真館で撮影したり写真師へ依頼したりする必要があった。こうしたプロの写真師による撮影は、その対象である芸能の伝承者・鑑賞者の認識を大きく変える契機となった。「民俗芸術写真

上写真：石垣のみえる「漂著神を祀ったたぶの杜」（大穴持像石神社）。『古代研究』口絵に掲載された写真（下）とは別アングルで、玉垣も写る（國學院大學折口博士記念古代研究所蔵）

どこまでも保存してゆこうという」といった反応もみられたのである。

いった返答があるいっぽう、「写真をとったおかげで、神楽師達が非常に緊張してきて古い型を

展覧会」の催行に際して、「嘗《かつ》て写真を取《ママ》ったことがないから、貴意に応ずることが出来ぬ」と

折口信夫の旅と写真

折口はその生涯において「長短、数えきれぬほどの旅」を重ねており、なかでも三信遠《さんしんえん》[*2]や沖縄などの「同じ地方を度々見に出かけ」る傾向があった。「物をしんみになつて見ようとする時期」にあたる大正九年（一九二〇）の「信州採訪手帖」、大正十年の「沖縄採訪手帖」、大正十二年の「沖縄採訪記」、沖縄の後に訪れた壱岐での「壱岐の水」「壱岐民間伝承採訪記」といった採訪手帖には、採訪で得られた記録を子細に残している。こうした採訪記録を残すいっぽう、記し得ない「実感」は自身の記憶の内に留めていた。

私の記憶は、採訪記録に載せきれないものを残している。山村・海邑の人々の伝えた古い感覚を、緻密に印象してえた事は、事実である。書物を読めば、此印象が実感を起す。旅に居て、その地の民俗の刺戟に遭えば、書斎での知識の聯想が、実感化せられて来る。（「追ひ書き」『古代研究』〈『折口信夫全集』3、中央公論社、一九九五〉）

＊2　愛知県と長野県・静岡県が接する天竜川中流地域。旧国名（三河・信濃・遠江）からきている。

歴史資料と民俗を重ね合わせる折口の研究は、しばしば「生活の古典」としての民俗と「古典」の「二重うつし」といった形で理解される。書斎で得た古典の知識が採訪のなかで実感として立ち現れ、また採訪で得られた実感の記憶が書物によって想起されることで、折口のなかに古代の生活が浮かび上がっていったのである。

長野県・新野《にいの》（現阿南町）の協力者である仲藤増蔵《なかふじますぞう》に宛てた大正九年十月頃の未投函書簡には、写真機を持参して舞人などの風姿を永遠に残しておきたいとあり、当時すでにカメラを所有していたと思われる。実際にカメラを持参していることが確認できるのは大正十年（一九二一）の沖縄調査からだ。ただし、民俗採訪では折口のカメラが同行者に共有されており、折口の画像資料として残っている写真をすべて、折口自身が撮影したとはかぎらない。『古代研究』の口絵になっている能登の「タブの木」を愛弟子である藤井春洋《ふじいはるみ》が撮ったように、関係者に撮影を任せることもあった。民俗採訪で同行者が撮影した写真も折口が指示を出しており、折口の意図が反映されているといえるだろう。

折口は写真を通じて情報を忠実に記録したのみならず、自身が求めてやまなかった「古典」の実感をもそこに見いだそうとした。折口は能登の旅で、先に紹介したタブの木に対し「海に神をむかえる神の木」という「実感」を抱いた。『土俗と伝説』へ「通俗的に」写真を取り入れた折口は、ここでも文章を解説するためにこれらの写真を掲載したという。

先述した『古代研究』口絵写真「漂著神《ヨリガミ》を祀ったたぶの杜」は大穴持像石神社《おおなもちかたいし》（石川県羽咋市）の写真だが、これは実在の風景ではなく、意図的に玉垣が消された「折口の心象風景」となっている（池田編：一九七五）。折口はたぶの杜の前にある鳥居と玉垣が気に入らず、鳥居を消すことが難しかったために玉垣だけを消したという。折口は能登の旅で訪れた実際の神社を前にして、鳥居と玉垣という人工が加えられる以前の神聖な杜を見つめていたのだろう。

折口信夫が残した写真とまなざし

昭和二十八年（一九五三）に折口が逝去すると、翌年には折口に師事した西角井正慶《にしつのいまさよし》（一九〇〇〜七一）を幹事長として、『折口信夫全集』の編纂と折口関係資料の保全を目的とした折口博士記念会が発足した（小川：二〇〇五）。

同会は折口宅にあった自筆原稿や手帖、書簡、写真、図書といった資料を國學院大學に収蔵した後も、門弟や知人らが所有する関連資料の収集を進め、昭和四十一年（一九六六）には國學院大學の附置研究施設として「折口博士古代研究所」と改称され、今に至る。同研究所には折口博士記念会が保全した資料を中心に二万九千九百二十一点の折口資料が所蔵され、そのなかには折口やその関係者が写った「年譜写真」、採訪などで撮影された「民俗写真」、歌舞伎絵葉書といった「演劇写真」、あわせて六千十四点の写真コレクションが含まれる。

折口が残した画像資料としては明治四十年（一九〇七）に投函された絵葉書がもっとも古く、折口は、生涯にわたって絵葉書を利用していた。絵葉書の図像は折口が好んだ芸者や訪問先の風景などである。大正十年（一九二一）の沖縄採訪では、「この葉書は大事な絵はがきゆえ保存願います」と教え子である鈴木金太郎へ宛てており、自身らが撮った写真だけでなく、一般に流通する絵葉書の重要性も認識していたことがわかる。

この採訪では「写真もたんととりました」といい、その後に壱岐へ渡った際には「ひるむを送って貰おう」と思うほどに手元にフィルムが残らないほど撮った多くの沖縄写真が残されている。鈴木に「ひまひまに現像頼みます」と宛てたように自宅での現像・焼付を行ったほか、信州の協力者である今井武志に「写真、不出来ながら、送ります。これだけしか出なかったのです」と宛てるなど自身でも焼付したことがわかる。

折口が逝去する昭和二十八年、自身がシナリオを担当した記録映画『雪まつり』（岩波映画製作所）が公開された（三隅：二〇一九）。これは長野県の阿南町に伝承される「正月神事」「田楽祭り」などとよばれた正月の祭りの記録である。折口が紹介した「新野の雪祭り」という名称で一般的に知られ、祭りの初日にあたる一月十三日には伊豆《いず》神社に納められた面形《おもてがた》を諏訪《すわ》神社へ運ぶ「お下がり」が行われる。雪祭りでは、面役の人びとがお面をつけて幸法《さいほう》や茂登喜《もどき》と

新野の雪祭りで神様「茂登喜（もどき）」の仮面をつけて村を歩く場面
（昭和6年1月。國學院大學折口博士記念古代研究所所蔵）

いった神々に扮し、翌朝まで順々に舞を繰り広げる。映画の冒頭は面形のクローズアップ、つぎに面を背負った旅人の後ろ姿が写り、旅人が休んだ折に面が残されるというシナリオで、新野とその近隣に伝承された面盗みの話をなぞった展開となっている。

折口が「ここは絶対に外さず撮るように」と厳命した強いこだわりによる場面であり、その光景には太夫《たゆう》とよばれる宗教者が「仮面を奉じて村々を遊行し、祈禱の祭りを行い、歌舞を演じ」た「まれびと」の歴史が重なる。『古代研究』の「タブ」に古代の神木を垣間見たように、新野の雪祭りでは「仮面」に「まれびと」の姿を垣間見たのである。

『海やまのあひだ』などを著した釈迢空という名前とともに、歌人・詩人としての折口の営みは今日も広く知られる。そして釈迢空が残した詩歌は、学者として民俗採訪で求められる「忠実な生活記録」には記し得なかった「実感」を伝えるために、折口が取り得た有力な方法のひとつだった。しかし、学者としての折口は学問において「実感」を記録することを、なおも放棄しはしなかった。当時まだ新しい技術であり、瞬間・空間を一枚の写真に切り取るカメラというメディアを取り入れながら、他者や後世に対しても、自身が肌身で捉えた「実感」を伝えようと模索していたのである。

〈参考文献〉

池田彌三郎編『講座 古代学』中央公論社、一九七五
井之口章次『民俗学の方法』岩崎美術社、一九七〇
國學院大學折口信夫博士記念古代研究所・小川直之編『折口信夫・釋迢空―その人と学問』おうふう、二〇〇五
小川直之「民俗芸術写真と民俗研究」(『折口博士記念古代研究所紀要』一〇号、二〇〇七)
三隅治雄「映画「雪祭り」と折口信夫」(『藝能』二五号、二〇一九)

(國學院大學助教)

小泉八雲の写真――歴史資料としての価値を見すえて

民俗学者　小泉　凡

小泉八雲という人

アイルランド人作家で、のちに日本へ帰化したパトリック・ラフカディオ・ハーンこと小泉八雲（一八五〇～一九〇四）。彼の人生は起伏に富んでいた。

ギリシャはイオニア海のレフカダ島で生まれ、アイルランドで乳母キャサリンの語る妖精譚を聴いて育ち、イギリス・ダラムの神学校ではキリスト教教育への矛盾を覚えるとともに、遊戯中の事故で左眼の視力を失い隻眼に。その頃、養育者だった大叔母が破産し、学校を退学して十九歳でアメリカへ移民し、シンシナティでの赤貧の暮らしを経てジャーナリストになった。その後、ニューオーリンズ、カリブ海のフランス領の島マルティニークでもジャーナリストや民俗の探究者として文筆活動を行い、ニューヨークのハーパー社の特派記者として一八九〇年

（明治二十三）四月、三十九歳で憧れの日本の土を踏んだ。

日本への関心のきっかけは、一八八四～八五年にかけてニューオーリンズで開催された万国博覧会の日本館を取材に訪れて美しい工芸品の数々に触れたこと、その頃から出雲《いずも》神話がフランス語に抄訳された書物を愛読し、さらに来日前にニューヨークでチェンバレンの英訳『古事《こじ》記《き》』を読んだこと。そのうえで、いよいよ夢が現実へと動いたのだった。

日本が気に入り、ハーパー社との契約を解消し、英語教師やジャーナリストとして松江、熊本、神戸、東京へと移り住んだ。その間、一八九六年二月には小泉セツと結婚し、日本に帰化。一九〇四年には代表作『怪談』を上梓するが、同じ年の九月に心臓発作で他界した。

隻眼から写真好きへ

八雲がシンシナティやニューオーリンズで勤めた新聞社では、自分の書いた記事にイラストを描いて添えることも珍しくなかった。とくにニューオーリンズのデイリー・シティ・アイテム社勤務時代には、八雲の描くイラストが人気を博し、それが功を奏して購読者数が増加したというエピソードも語り継がれている。

それはいい換えれば、写真が新聞紙面を飾るという時代ではまだなかったことを意味している。八雲の生きた時代、とくに前半生は、写真は高嶺の花で一般の人たちが日常的に自分の肖像を撮ってもらいに写真館へ行くとか、自ら写真機を手にして美しい風景を写せるような時代ではなかった。

しかし、そんな一九世紀末を生きた八雲の肖像写真はかなり多く残されている。小泉家には、八雲の長男一雄がつくった古い一冊のアルバムがある。そこには八雲の子どもの頃から晩年に至るさまざまな肖像や、大切な友人たちの肖像、八雲が二年間滞在したマルティニーク島の風景写真などが貼られ、それぞれに一雄が英語で簡単なキャプションをつけている。もちろん写真の多くはセピア色に変色している。

これらは、八雲が来日時に持参したものや、来日後に友人たちから送られたもの、来日後に写真師に依頼して撮影してもらったものなど、年代によって出所が異なっている。二〇〇〇年(平成十二)に恒文社から『文学アルバム小泉八雲』(小泉時・小泉凡共編)を出版した際、五百六十枚を超える写真が収録された。それは八方手を尽くしてかき集めたというよりは、小泉家に残されていたあらゆる八雲関係の写真を提供し、そっくり収録したという方が真相に近い。

ではなぜこんなに多数の写真が手もとに残されたのだろうか。

それを考える前に、残された八雲の肖像写真に共通するのは、失明したままで義眼を入れなかった左眼が写っていないという特色だ。つまり右向きかうつむきの写真ばかりなのだ。八雲は自分の左眼を撮影されることを極端に嫌った。たとえば、松江の島根県尋常中学校や熊本の第五高等中学校、帝国大学文科大学（現・東京大学文学部）、早稲田大学の教員たちの集合写真でも八雲だけが右か下を向いて写っている。でも、写真を写されること自体を厭がることはなく、むしろ積極的に写されることを望む人だった。

日常的に眼鏡をかけなかった八雲。微かな視力しかない右眼に投影されるものは、風景であろうと人間であろうと、深い靄《もや》のなかで幽《かす》かにうごめく輪郭のはっきりしないなにものかにすぎなかった。

松江時代の小泉八雲（1891年。小泉家所蔵）

その点、写真はじつに魅力的だったのだろう。好奇心旺盛な八雲にとって、生身の人間に極度に近づいて観察してみたい気持ちはあってもそれは社会的に許されない行為だ。写真ならばどんなに目を近づけても失礼にはならない。実際に執筆するときも、眼鏡で視力を矯正するのではなく、丈高の机を特注し、肉眼を天板スレスレに近づけて執筆するという方法をとっていた。執筆を生業とする八雲にとって写真を残すことは、被写体が人間であろうと物体であろうと風景であろうと、対象を知る手掛かりとして絶対的に有用だったのだ。

自伝的草稿「写真の話」

松江市立中央図書館には、一九〇二年(明治三十五)頃の晩年の八雲が書いた「写真の話(Photogragh)」という十四葉の草稿がある。これはのちに、「直覚(Intuition)」というタイトルに改められ、八雲の心友エリザベス・ビスランドが一九〇六年に編んだ『ラフカディオ・ハーンの人生と書簡』で紹介され、一九一四年刊の田部隆次著『小泉八雲』には日本語訳も掲載された。

そこには、シンシナティ時代の八雲の楽しみについての言及がある。それは、通りを行く少女の顔を見て、理想の実現を見いだそうと通りを彷徨《さまよ》うこと。それから、当時の写真屋の展覧室にある写真を見て、そこでも理想の顔を見つけようとしていたこと。その行動は絵画展を見学するのと同じ喜びだったと語っている。

さらに、ある写真屋のガラス箱で刺繍《ししゅう》のある肩掛けのようなものを頭に被った若い婦人の顔

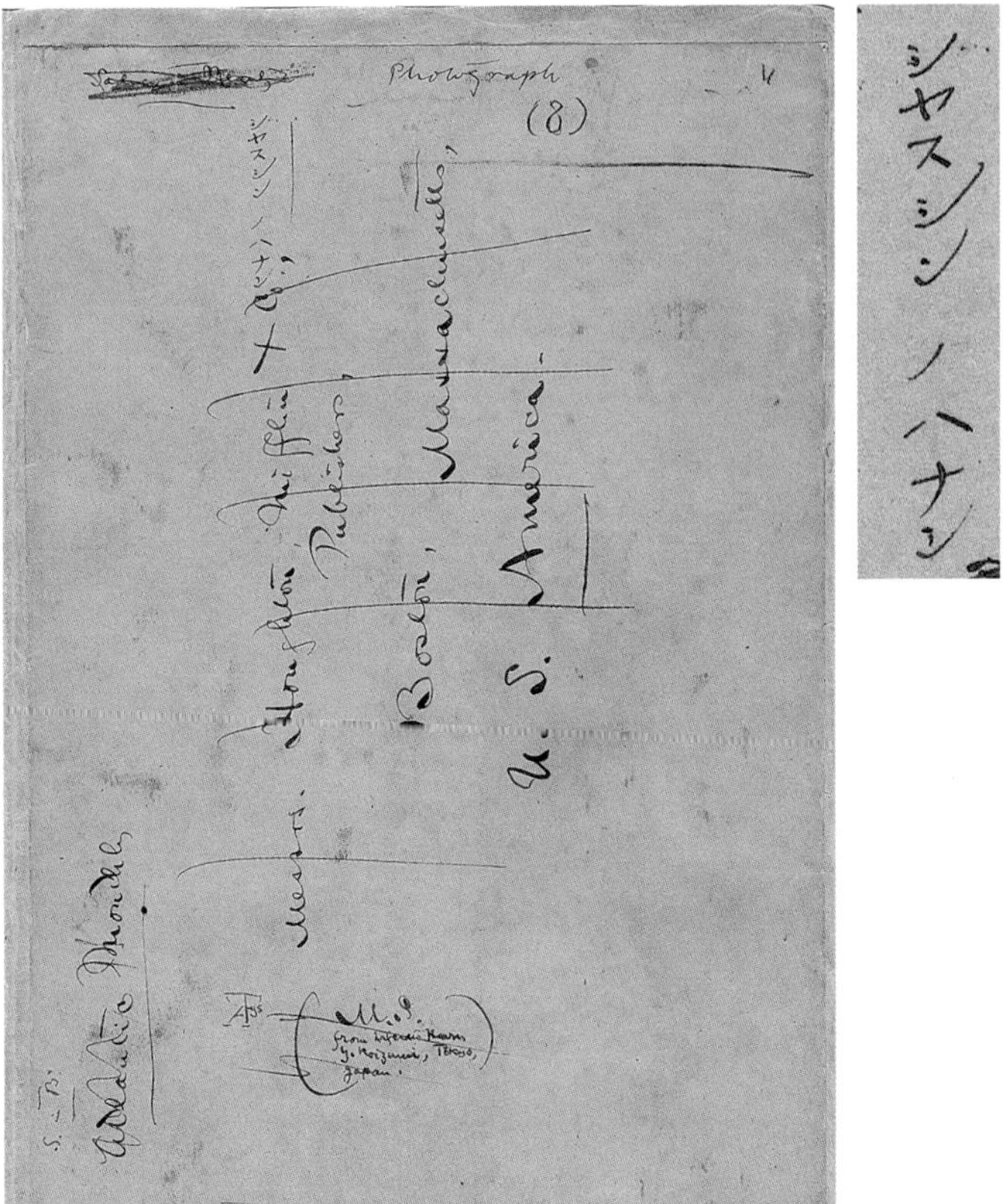

草稿「写真の話」の封筒。上部に「シヤスシンノハナシ」という八雲自筆のカタカナが読める（松江市立中央図書館所蔵）

を見つけたとき、驚きと喜びのあまり、息もできなかったという。理想の顔を見いだしたのだ。のちにニューオーリンズの写真屋で再びその婦人の顔を見いだした。それはインドの王族の血をひく女優であることを知らされる。

八雲は一六〇センチに満たない身長、左眼を失明した容貌、ギリシャ系アイルランド人というマイノリティの血筋をもつ。ワスプ(WASP)の世界ではどうしても居心地の悪さを感じ、とりわけ女性に強いコンプレックスを抱いていた。写真屋のウィンドウに飾られた紙焼き写真のさまざまな血の流れを感じられる女性の姿は、そんな八雲にとって紛れもなく〈聖なるもの〉となり得たのだろう。

写真を見る楽しみ、写真屋へ出かける楽しみを自伝的作品で特筆したのは、それが彼の前半生では特記すべき行動だったことを意味している。

マルティニーク島の写真

いまから三十五年ほど前、東京の拙宅の押し入れから、色褪《あ》せた「鳩サブレー」の大きな缶が見つかった。そこには、マルティニーク島の生活風景が写しだされた五十枚ほどのセピア色の写真が入っていた。その驚きと感動はいまも忘れられない。

マルティニーク島は、カリブ海に弓形に連なる小アンチル諸島のひとつで、フランスの海外県、当時はフランス領の島だった。八雲は一八八七〜八九年にかけて、この島に二度にわたって約二年間滞在し、島の人びとの習俗、とりわけ島に根づいた西アフリカ起源の呪術的宗教であるヴードゥーの探究にのめり込んだ。シリリアという女性に家事を依頼し、彼女からヴードゥーにまつわる俗信や島の伝説を採集し、みずから島の各地へ調査旅行を行い『仏領西インドの二年間』(一八九〇)を上梓した。

八雲はマルティニークに向かう前のニューオーリンズ時代から、フランス、アフリカ、先住民の混淆文化であるクレオール文化に共感し、クレオールのことわざ辞典やクレオール料理のレシピ集などを出版していた。ことわざ辞典『ゴンボ・ゼーブ』(一八八五)の序文では、この仕事は、民俗学研究のさきがけとなるものだという認識をほのめかし、今後、組織的な学会活動が期待されると記している。つまり民俗学者としての自覚をもってマルティニークでのフィールドワークに臨んでいたことがわかる。

そこで、八雲は二度目のマルティニーク訪問を控えた一八八七年九月末にニューヨークでデイテクティブというフランス製のカメラを一〇六ドルで購入した。それは紀行文に添える写真を撮るためだった。当時の一〇六ドルは、八雲にとっては全財産に近い高額なもの。九月上旬に一回目のマルティニーク訪問の成果を「真夏の熱帯行」にまとめ、七〇〇ドルの高値で原稿が売れたことが購入を可能にした。ただ、八雲の「撮って残したい」という写真へのこだわりがなければ、かくも高い買い物は発生しなかっただろう。

さて、「鳩サブレー」の缶から見つかったマルティニークの写真の内容は三種で、①風景写真②生活風景の写真（風景に人物が写りこんでいるもの、たとえば荷運び女の頭上運搬のようすなど）③人物写真　に大別できる。以下にそれぞれの内容を簡単に紹介しておく。

①マルティニーク最大の貿易港で八雲も居住していたサン・ピエールやプレー山の中腹で清涼な気候のモルン・ルージュの風景。後者は腸チフスを患った八雲が静養を兼ねて滞在した場所だ。さらに大西洋岸の町で美人の郷として知られるラ・グランド・アーンス（現在のル・ロラン）などの写真がある。

②荷運びを生業とする女性たちを同行取材したことから、彼女たちが街中や峠道などを美しい姿勢で歩く姿を撮影したものが多い。なかには、「荷運び女たちがパン屋に到着し、小麦粉の荷を下ろしているところ」などと自筆のキャプションがついている写真もある。

③おもに女性たちの肖像写真で、おそらく写真館のスタジオで撮られたものと思われる。その被写体は、きわめて黒人に近い肌色から白人に近い肌色まで、さまざまな肌の色の女性である。衣装や被り物、マルティニーク独特のマドラス・チェック模様などもはっきりと写っている。衣装によってはその人物の職業を特定できるものもある。そこには、八雲の民俗学的、人

マルティニーク島・サン・ピエールの港（小泉八雲撮影か。小泉家所蔵）

類学的関心がうかがえる。

では、これらの写真は誰が撮影したのだろうか。もちろん、風景や生活風景の写真は八雲本人が撮影したものも多いと思われるが、クローズアップした女性のポートレートについては、あきらかに写真館でカメラマンが撮影したも

マルティニーク島・サン・ピエールの街角（小泉八雲撮影か。小泉家所蔵）

のと思われる。また古い草稿類から、八雲がマルティニーク訪問の際に乗船したバラクーダ号や多くの帆船がならぶサン・ピエール港を描いた自筆のスケッチも見つかっていることから、写真とスケッチを併用して記録を残すことを心がけていたことがうかがえる。

未来における写真の意義

一九〇二年五月八日、八雲も登山したマルティニークのシンボル、プレー山が大噴火し、火砕流の発生により、八雲が愛したサン・ピエールの町は壊滅した。それを知った八雲は、東京・西大久保の家の庭にリュウゼツランを植えて思い出を偲んだ。

噴火から九十二年後の一九九四年（平成六）、私はこれらの古い写真を複写して引き延ばし、それを携えてマルティニークを訪れた。「カリブのカリスマ」といわれた詩人でフランスの国会議員をつとめるエメ・セゼール氏に手渡すと、「オー、ヤクモ・コイズミ！」と叫んで私を抱きしめた。噴火で壊滅したサン・ピエールの市長も、目を輝かせて写真を受け取り、丁重な感謝の言葉を述べられた。現代のマルティニークにとってきわめて貴重な歴史資料でもあったのだ。

そんな写真を来日時に携行したという八雲の行動にまず敬意を表したい。そして、八雲の没後、長男一雄も十回の転居を経て多摩川畔の家を見いだしたが、その間、関東大震災や東京大空襲を経験している。大災害や戦火をくぐりぬけて今日まで残った写真を見ていると、八雲の写真への強い愛着と執念を感じる。

八雲は、写真の未来における資料的価値の大切さを深く認識するジャーナリスト、文化の探究者でもあった。

（小泉八雲記念館館長）

〈参考文献〉

染村絢子「小泉八雲作品の解題　⑪写真の話」（銭本健二編『小泉八雲草稿・未刊行書簡拾遺集』第1巻（草稿）、雄松堂出版、一九九〇）
田部隆次『小泉八雲』早稲田大学出版部、一九一四
小泉凡「クレオール、世紀末の旅から―ラフカディオ・ハーンとともに」（『カリブ―響きあう多様性』ディスクユニオン、一九九六）

岡本太郎のまなざし——聖なるものへの挑戦

キュレーター　大杉浩司

「太郎の写真」の原点

いまでこそ岡本太郎《おかもとたろう》（一九一一～九六）の全貌を振り返る展覧会には必ずといっていいほど彼の撮った写真を展示するコーナーが置かれるようになった。しかし、生前彼の写真は著書の挿図として掲載されることはあっても、展覧会場で展示されることはなかった。つまり太郎は自身の写真を絵画や彫刻などと同列の作品として扱ってはいなかったのである。

太郎がはじめてカメラを手にするは戦前のパリである。カメラ発祥の国フランスでも、この時代はまだ写真に対して美術品としての認知度は低く、太郎の言葉を借りれば「若者が当時流行《はや》りはじめた小型カメラ、ライカを使って自由職業の写真をやりはじめた」時代だったようだ。

当時、太郎と交友のあった芸術家のなかにはロバート・キャパ（当時はアンドレ・フリードマ

＊1　Lumière。オーギュストとルイの兄弟。フランス出身。映画・カラー写真の発明者でもある。

ン）、マン・レイ、ブラッサイなど写真史に名を残す写真家たちがいた。なかでもブラッサイからは**リュミエール**[*1]の引き伸ばし機を譲り受け、太郎みずからが写真を現像し、興味本位で好きな女の子を撮るなど、素人ながらにその基本技術を身につけていたと思われる。

太郎の写真は考古学的遺跡や遺物から地方農村に暮らす人びとの日常とそれを取り巻く生活の痕跡や祭りなどさまざまだが、その視点の背景にはパリ時代に文化人類学の父とよばれたマルセル・モース（一八七二〜一九五〇）のもとで学んだ民族学が大きく影響している。

一九三〇年に両親とともにパリに渡欧した太郎は、パブロ・ピカソの作品に感銘を受けて抽象表現を志し、**アブストラクシオン・クレアシオン**[*2]（抽象・創造グループ）に所属して、アルプやミロたちと画家としてのスタートを切る。この頃、友人に誘われてパリ万国博の跡地トロカデロにできた人類博物館を訪れた太郎は、世界中から集められた仮面や神像などの夥《おびただ》しい民族資料を目の当たりにする。

これらに芸術の根源性を見いだした太郎は、しばらく絵筆を捨てて民族学に没頭する。抽象絵画とはたんに色と形の抽象論によって生み出される美学の追及だけではないのか。抽象グループの活動に対しても芸術のために行う芸術活動にほかならないという懐疑的な思いを募らせていた太郎にとって、人類博物館にある民族資料は人間の生活から生み出された生の痕跡が、宗教、経済、道徳といったすべてのものを包括しながら語られていた。彼はこれこそ芸術そのも

＊2　1931年にパリで結成された抽象美術運動を代表する集団。グループ展を通じて抽象美術を国際的に広める。

の真の姿であると確信するのである。

太郎が民族学的な視点で国内外をフィールドワークするのは、ドイツ軍の進攻によるパリ陥落の直前に帰国し、五年もの中国戦線への出征から復員した終戦後の日本であった。

パリでの生活と別れることを余儀なくされた太郎にとっての「日本」は、次なる戦いの場として大きな存在となって現れる。彼は手はじめに「日本」とはなにかを確かめるため、京都、奈良を訪ね歩くが、そこには中国や朝鮮半島から移入された文化の形跡しかなかった。不満を募らせる太郎にとって「日本」の見方を一変させたのが昭和二十六年（一九五一）、東京国立博物館の「日本古代文明展」に出品されていた「縄文《じょうもん》土器」である。

四次元との対話――古代人の神聖　縄文土器

「四次元との対話―縄文土器論」（一九五二年）と題した論考は、雑誌『みづゑ』から古代の土器論を依頼された際のものである。このときの土器の写真は出版社の用意したものが掲載されたが、「縄文土器」の比類ない造形に衝撃を受けた太郎は、翌年から再び東京大学人類学教室、明治大学考古学陳列館などの考古資料を訪ね、自身の眼を通じて納得のいく写真を撮る。

これらは昭和三十一年（一九五六）に刊行された『日本の伝統』の挿図として掲載されてい

る。眼にとめたものの表情を極限まで追い詰めるかのように撮られた写真は、ライトを斜めから当て土器の文様が明確になるよう陰影を鮮明に写し出している。そこには夢中でシャッターを切る太郎の姿が浮かぶようだ。

太郎は「四次元との対話」のなかで縄文土器の造形を「いやったらしい美しさ」と評し、狩

縄文　縄文土器(富山県出土) 東京大学人類学教室(1956.3.23)。以下、写真はすべて岡本太郎撮影／岡本太郎記念現代芸術財団提供

猟採集の時代に生きた人間が呪術的な四次元との対話を通して自然と対峙する姿に、古代人の神聖観を見とる。同時にこれほどの造形を生み出した縄文人が自分と同じ日本民族であることに信頼感と親しみを感じとるのである。「よし、こいつと一緒に戦おう」太郎は縄文との出会いによってパリ時代から培ってきた自らの芸術理念が確かなものであると確信した。今日の芸術が「うまくあってはいけない」「きれいであってはならない」「心地よくあってはならない」と唱える彼にとって、古代においてすでにこれらを実践していた人間への信頼感は自身の芸術に対する方向性を後押しするものだった。ここから日本民族の根源の姿を探るフィールドワークがはじまるのである。

なまはげ——面の神聖　秋田

昭和三十二年（一九五七）、岡本太郎は『芸術新潮』から、国内を巡り、忘れ去られていく「日本」を再発見する連載原稿の依頼を受ける。この企画の最初に太郎が選んだ場所が東北の秋田である。

まだ見ぬ東北はヤマト朝廷の統制や大陸から伝わる仏教、儒教などの高度化した文化によって洗練されていない土俗的な信仰と濃い生活の匂いを感じさせる場所だったからである。なか

秋田　男鹿半島　なまはげ（1957.2.12）

でも興味を惹いたのが「なまはげ」だった。なにゆえに太郎は「なまはげ」を選んだのか。それはアジア全体に広がっていた原始宗教やシャーマニズムと深いかかわりをもち、古代から存在する「面」に対する強い興味からである。「面」にはそれを被ることによってその人間にない人間以外の力が与えられる。それは「人間であると同時にこれを超えたもの」となるのだ。

また「なまはげ」の面としての造形には、仏教伝来から固定化され洗練された「鬼」という概念的な様相ではなく、いたって素朴で無邪気な表情をもつことに、より人間的な生活感を感じ取っている。撮られた写真には面や装束、民家に押し入る「なまはげ」の一連の動きと、それに扮した若者を酒で迎える家人のようすなどが細やかに躍動的に写し取られている。

御嶽——透明な神聖　沖縄

秋田にはじまり、長崎、京都、出雲《いずも》、岩手、大阪、四国を回る日本再発見の旅を終えた岡本太郎は次なる場所として「沖縄」という手応えにぶつかった。

昭和三十四年(一九五九)、太郎は中央公論社から沖縄についての一回かぎりの原稿依頼を受ける。なかばお遊びのつもりでの訪沖だったが、一度足を踏み入れた太郎はその魅力にどんどん引き込まれていった。なかでも彼を感動させたのは久高島《くだかじま》の「御嶽《うたき》」である。琉球《りゅうきゅう》王国の制

沖縄　久高島　大御嶽（1959.11,.24）

定した琉球神道のなかでも、祖先を祭り神が降臨する場所として祭祀の中心的な場所である御嶽、そのなかでも神の住む島ともよばれる久高島のクボー御嶽（大御嶽）は沖縄でもっとも神聖な場所とされる。しかしこの場所には荘厳な神殿も装飾過多の仏閣もない。クバの木に囲まれた空き地には、その中央にわずかに香炉のような石ころがあるのみである。

しかし太郎はこのような場所においてこそ、「神が降りて来て、透明な空気の中で人間と向かい合う」のだと、なにもないからこそここには本当の神聖があるのだと述べる。自然木と自然石。木は神が選んだ天上からの道、人間の意志によって置かれた石はそれを受け止める装置である。この関係こそ「神と人間の交流の初源的回路」だともいう。偶像も神体も教養さえもない沖縄の原始信仰のなかに岡本太郎は透明な神聖を見たのである。

チャンスン――風の神聖　韓国

岡本太郎の視点は、日本国内を巡る旅から海外の民族文化にも向けられはじめる。そのひとつ韓国を、太郎は一九六四年と七七年の二度訪れている。日韓国交正常化をはさんだこの時代、韓国には政治的な問題から暗いイメージをもっていた太郎だが、訪韓で見た人びとの生活に「かつての騎馬遊牧民の精悍で流動的な生命感」を感じたという。

韓国　公州　チャンスン（1977.7.1）

なかでも七七年に訪れた公州《コンジュ》で見た、すでに韓国の農村でも失われかけていた風習である「チャンスン」に、沖縄の御嶽につながるものを見いだす。チベットやモンゴルの**「オボ」**[*3]にも似た「チャンスン」は、石積みの上に木杵や旗を立てた魔除《まよ》けや境界標だが、太郎は天上から大地に、大地から天上に向かう「垂直の交流の神聖な象徴」として観ている。また、そこを通り抜ける北方ユーラシアからモンゴルを通じて朝鮮半島に流れる風。その上に取りつけられた鳥は「地上と天、霊界をコミュニケートする神聖な存在」であるとも述べている。

日本国内はもとより韓国、メキシコ、インド、ヨーロッパをフィールドワークした太郎が行く先々で目にとめ写真に記録したものは、古代から自然を畏怖しながらもその恩恵を受けて今日の文明をつくり上げた人間の足跡である。そこには高度な科学技術も医療もない古代において、超自然と対話する手段として「神」の存在があった。かつて太郎は歴史学者・石田《いしだ》一良《いちろう》との対談で「神」とは「自分のもう一つの存在である」と断じている。

神といえばキリスト教の聖書で崇拝され、あるいは『古事記《こじき》』に出てくるような優雅で洗練された存在を想像しがちだが、太郎にとっては「見えない自分というものを、いわば手さぐりする相手が神だ」と述べている。

「私も、チャンスンのように天に向かって突き立って、荒漠たる大陸を渡って来る古代からの文化、風の流れと、生身でぶつかりあいたいと思う」との太郎の言葉からも、縄文の発見以来、

＊3　Oboo。モンゴルで石や木を使って建てられる標柱。チベット仏教の祭礼など宗教的意味をもつが、境界標識や道標の役割もある。

彼が古代より人間生活の根源を支えた「神聖」なるものを見いだすことは、自分のなかのまだ知りえぬ自分を超えた存在と出会うための挑戦だったのだと思う。そこから生まれる創作への原動力は絵画や彫刻を問わず、家具や食器、テキスタイルのデザインと、あらゆるものを芸術作品として世に送り出していったのである。

〈主要参考文献〉

岡本太郎「随筆 フランスで知った写真家たち」(『アサヒカメラ』一九五四年一月号)
同「四次元との対話―縄文土器論」(『みづゑ』一九五二年二月号)
同『日本の伝統』光文社、一九五六
同「藝術風土記・秋田」(『芸術新潮』一九五七年四月号)
同『沖縄文化論―忘れられた日本』中央公論社、一九六一
同「風の柱―チャンスン[韓国]紀行」(『芸術新潮』一九七八年三月号)
岡本太郎、石田一良「対談・神と祭りに見る始原」(石田一良編『神道思想集』〈「日本の思想」14巻別冊〉、筑摩書房、一九七一)

(岡本太郎記念館主任研究員)

写真家と研究者で、失敗写真を考える③

港　千尋・平藤喜久子

スマホにできること、カメラにしかできないこと

平藤　ここからは一般的な質問をさせていただきたいのですが、現在ではスマホが一番手軽で多くの人が使っています。いっぽうでカメラの種類もコンパクトデジカメ、ミラーレス一眼もあって新しい機種が次々に出て、一万円ぐらいのものから、百万円以上するようなものまでいろいろあります。そこで、カメラごとにいったい何が違うのか、どういう場面にどういうカメラを使うのがいいのか、場面に応じたカメラの選び方を教えていただけないでしょうか。

港　カメラを選ぶ前に、何を撮りたいか、そして撮ったものをどうしたいかということが重要です。例えばスマホで撮った写真は、そのままスマホに保存したままという人がほとんど

だと思いますが、写真というのは、できるだけ人に見せたほうがいい。もちろん友人や家族に見せるだけだったらスマホで十分だと思いますし、手軽です。でも研究目的や、それから少し展示してみたいとなったときには、やはりカメラのほうがいい。

これまでふれてきたように、良い写真を撮るには、やはり光を知ることが大事です。ステンドグラスの例のように、どの方角を向いているかによって、入ってくる光の質は違います。お祭りも、どういう時間帯に始まるのか、少し街灯が入るようなところを行列が通るのかどうかでも、光の具合は違ってきます。光というのは写真の基本の基本ですから、その場所の光をどれだけ取り込めるか、それによってレンズを替える必要がある。スマホでは限界があります。

つぎに、そうした光をよく見なければいけない。よく見るにはやはり体を動かさなければいけませんし、対象を凝視する必要があります。そのためにもファインダーをのぞくという習慣が必要になってきます。スマホは一〇センチ先の小さな画面を見るだけです。カメラを構えると、一〇メートル、五〇メートル先を見ることになりますし、モンゴルでは四〇キロ先の山が見えるのです。四〇キロ先の対象を見る経験はなかなかないでしょう。そんなシチュエーションでスマホを取り出したらもったいない。せっかく地平線が見えているのに一〇センチ先の画面を見るなんてバカバカしいと僕は思います。遠くを見る、そしてよく見る、そういう意味ではファインダーをのぞく経験が必要になると思います。

平藤 逆に、スマホに適した場面というと。

港 今のスマホというのは、ほとんどAIと連動しているため、撮っている対象をすでにスマホ側が知っていて、自動的に補正してくれる。ですからスマホというのは現像所がなかに入っているのと同じです。それどころかデジタルアーカイブも入っていて、あなたが撮っている花はこういう花ではないかと教えてくれたりする。カメラを超えたカメラだと思います。それからやはり光の質に大きな違いのある室内、ろうそくがあり、蛍光灯があり、普通のライトがあるような、複雑な光が混合されてある場合、やはりスマホのほうがうまく撮れるといっていいと思います。

平藤 多くの人が、カメラは必要なのだろうか、スマホで十分なのではないかと思っているでしょう。しかし、スマホとカメラのレンズの違いを認識し、使い分けをできるのであれば、やはりカメラをもっていたほうがいい。状況に応じてスマホに得意なものは任せてもいい、そういう使い方がよいのでしょうか。

港 使い方に関していえばそうだと思います。でも写真の世界は使い方よりも、少しオーバーかもしれませんが、どういう人生を生きるかという人生観にかかわってきます。スマホで完結している世界というのは普通の日常世界です。しかし、現行のミラーレスも含めた一眼レフの長い歴史というのは、特殊でより広い世界です。スマホで見ている世界はいってみれば一つの「家」のような世界だと思います。でもカメラで見る世界というのは、地球全体です。どれだけ広い大きな世界を体験したいか。そのためには、先ほどいったように普通の車では行けない場所があります。山もあれば川もあるということで、普通の人には行けない世界に行き、そして見るために開発されてきたのがカメラです。だから値段も高いわけです。戦争のために開発され、多くの戦争写真家が使ったカメラがあります。それを使えば、スマホではとてもたどり着けない場所を見ることができた。今、随分状況が変わりましたが、いずれにしても写真の本質は使い方だけではないということを知っていただきたいと思います。

失敗のなかから独自の視点をみつける

平藤　私たち研究者が写真を撮るということの意味を認識して、もっと自分の撮る写真をよくしたいと思うのは、写真を撮るということが、文章を書いたり論文を書くことで自分の考えを伝えるということと同じだからではないでしょうか。自分がつかみ取った内容を写真で表現するということは、研究を発表することと同質のものだと、だんだん思うようになってきました。そう考えたときに、カメラのファインダーを通して見てみると、自分の表現ができるようになる。それを考えたら、やっぱりカメラを手にするべきだということにもなりますね。

港　そうですね。研究者は、自分だけの視点でものを見て、研究していくなかで気づいたことを文章に書く。写真家も同じで、ほかの誰にも見えていなかった瞬間とか、誰も気づかなかった視点とか、そういうのを探して失敗を重ねながらも作品に結実する。写真が一番いいのは、失敗できるところだと思います。失敗がなかったら今の技術的な達成はなかった。失敗のなかから、オリジナルな自分独自の視点を見つける。その点では研究も撮影も同じだと思いますね。

平藤　より自分の表現ができるようになるためのアドバイスはありますか。

港　ひとつは、すぐにカメラを出して撮ろうとしないで、周りをよく見てみるということです。お祭りだったらお祭りの場所をとりあえず一周してみるとか、博物館だったらお目当てのヴィーナスに直行しないで、まずは全部見てみるとか。その場所を肌で感じるということが大事だと思います。

二番目は動きながら撮るということです。正面だけではなくて、できるならば三六〇度いろいろな角度からよく見て、お気に入りのポイントを見つける。自分はじつはこういう角度からものを見るのが好きだったと気づくかもしれない。

O-1　港千尋撮影

三番目は動く世界を対象にしてみるということです。お祭りや祭祀や儀礼を対象に研究される方は、常日頃から動いている対象をよく見ることをおすすめします。たとえば、O-1はナーダムというモンゴルで一番大きな夏祭りを撮ったものです。草競馬や相撲が繰り広げられ、やっと待望の夏が来たという喜びに包まれるお祭りです。コロナのせいで三年間中止されていたお祭りが、昨年ようやく復活したということで、格別の盛り上がりでした。草競馬の会場の近くで撮ったのですが、これを撮るのはなかなか大変です。というのは歩いている人がほとんどいない。モンゴルの方はやはり十メートル先にも馬で移動しますから、全部が動いている。そういうなかでカメラをもって、ピントを変えながら、背

O-2、3　港千尋撮影

O-4　港千尋撮影

景をぼかしたりしながら撮るというのは、相当慣れていても難しいものです。O-2、O-3では、人の表情や顔の向きと馬の向いている方向が違ったりします。一つの画面のなかにいろいろな視線やいろんな方向性があると、写真そのものの奥行きが出るのです。

もう一つのアドバイスは、画面全体をよく見るということです。スマホでは画面全体を見るのは難しいと思いますが、ファインダーをのぞいていると画面の全体を見られるようになります。そうすると、O-4のような写真が撮れます。フォーカスしているのはすてきな衣装を着た二人なのですが、後方で馬と騎手が絶妙の背景となっている。これは曲芸的な乗り方ですが、画面全体をみていると、これが見えるわけです。したがって、画面全体、世界全体を見られるようにするのがよろしいかと思います。そのためには、いい写真をたくさん見ることが必要です。小さな写真、PCで検索して見る写真ではなくて、大きくプリントされた写真をギャラリーなりミュージアムの写真展で実際に見るということも勉強になると思います。

研究と写真に通じるもの

平藤　ここまでたくさんのアドバイスをいただきましたが、カメラになにができるのかということを知るだけではなく、自分がなにを撮りたくて、どの部分に興味をもって撮ろうとしているのかという動機づけが重要だということがよくわかりました。そして撮るべき対象を取り巻く環境をしっかり観察するということも必要で、カメラの場合はとくに光が重要ですね。

港　それは一言でいえば段取りだと思います。研究者の方はなにを調査するにしても、必要な論文や研究書をたくさん読んで、メモを取ります。写真もまったく同じことです。論文のかわりに地図を見たり、資料写真に目を通す場合もある。それを頭に入れて準備して、撮影当日に備えるわけです。当日雨が降って行列が中止になりました。ではなにを撮ろうかというと、段取りをしてあれば慌てないですむ。どれだけ準備できているか、どれだけそこの場所の光を知っているかで撮影の結果は違ってくる。それは研究と同じです。

平藤　写真展に足を運ぶことを勧められましたが、写真家の方は、なにかテーマをもって写真を撮り、写真展を開かれるわけですね。ですからそのテーマについては、論文を書くのと同じような準備を重ね、その成果としての写真展を開く。だからそれを見ることで、どんな準備をしたのかということも含めて参考になりますね。

港　そうです。この本では、それぞれ違ったテーマをもってお仕事をされている写真家の方に声をかけました。それぞれが対象にしているテーマはとてもユニークですし、アプローチもユニークです。アプローチというのは言葉を変えれば準備でもありますから、どんな本を読んでいるとか、どんな人に話を聞いているか、どういうつながりをもっているかなど千差万別で、そこが面白い。もしかすると写真家の方法論が研究者の方にも参考になるかもしれないし、我われ写真家も、研究者の方が研究をされる上での段取りや準備や、それからどういうところにフォーカスしているのかがひじょうに参考になると思います。それを二つ合わせると、より広い地平が見えてくるのではないでしょうか。

平藤　失敗も無駄ではなく、そこが入り口になると。

港　成功の母といいますから。

平藤　では、我われもさらにいい写真を撮れるようになって、いつかそういう研究者写真展をめざしたいですね。

港　楽しみにしています。

平藤　ありがとうございました。

（了）

小泉 凡（こいずみ・ぼん）

1961年、東京都出身。民俗学者。小泉八雲記念館館長、焼津小泉八雲記念館名誉館長、島根県立大学短期大学部名誉教授。著書に『民俗学者・小泉八雲—日本時代の活動から』（恒文社、1995年）、『怪談四代記—八雲のいたずら』（講談社、2014年）、『小泉八雲の怪談づくし』（監修・解説。八雲会、2021年）ほか。

大杉浩司（おおすぎ・ひろし）

1960年、広島県出身。キュレーター。岡本太郎記念館主任研究員。著書に『岡本太郎にであう旅—岡本太郎のパブリックアート』（小学館、2015年）ほか。

著。ハーベスト社、2019年）ほか。

甲斐啓二郎（かい・けいじろう）

1974年、福岡県出身。写真家。東京綜合写真専門学校非常勤講師。著作に『骨の髄』（新宿書房、2020年）さがみはら写真賞・伊奈信男賞受賞、『綺羅の晴れ着』（ZEN FOTO GALLERY、2023年）ほか。URL：https://www.keijirokai.com/

川瀬　慈（かわせ・いつし）

1977年、岐阜県出身。映像人類学者。国立民族学博物館／総合研究大学院大学准教授。著書に『ストリートの精霊たち』（世界思想社、2018年。第6回鉄犬ヘテロトピア文学賞）、『エチオピア高原の吟遊詩人―うたに生きる者たち』（音楽之友社、2020年。第43回サントリー学芸賞、第11回梅棹忠夫・山と探検文学賞）、『叡智の鳥』（Tombac／インスクリプト、2021年）ほか。http://www.itsushikawase.com/japanese/

飯倉義之（いいくら・よしゆき）

1975年、千葉県出身。民俗学者・口承文芸研究。國學院大學文学部日本文学科教授。著書に『伝承文学を学ぶ』（共著、清文堂出版、2021年）『怪人熊楠、妖怪を語る』（共著、三弥井書店、2018年）『怪異を魅せる』（共著、青弓社、2016年）ほか。

川嶋麗華（かわしま・れいか）

1989年、東京都出身。民俗学者。國學院大學研究開発推進機構助教（特別専任）。著書に「農業変化の中の「壬生の花田植」―伝承動態についての一考察」（『民俗伝承学の視点と方法―新しい歴史学への招待』吉川弘文館、2018年）、『ノヤキの伝承と変遷―近現代における火葬の民俗学的研究』（岩田書院、2021年）ほか。

露口啓二（つゆぐち・けいじ）

1950年、徳島県出身。写真家。著作に『自然史』（赤々舎、2017年）、『地名』（赤々舎、2018年）ほか。https://www.fremen.biz

Zoé Schellenbaum（シェレンバウム・ゾエ）

1990年、ニューカレドニア、ヌメア市出身。アーティスト。著作に「島の蝕、場所の遷り」（住吉健ほか訳）in『ボヤージュ・ボヤージュ・イン・ザ・ボックス、アシブミ、ハイケイ、メイビーあるいは、旅の領界』〈紀行文アンソロジー〉プロジェクト（RAM Association、2020年）、「目では見ることの出来ない場所の３つのイメージ」（花岡美緒訳）in『バーチャルの具体性』展覧会カタログ（2022年）ほか。www.zoeschellenbaum.com

深澤英隆（ふかさわ・ひでたか）

1956年、東京都出身。宗教学者。一橋大学名誉教授。著書は『啓蒙と霊性―近代宗教言説の生成と変容』（岩波書店、2006年）、『スピリチュアリティの宗教史　上下』（共編著。リトン、2011〜12年）、『越境する宗教史 上下』（共編著。リトン、2020年）ほか。

弓山達也（ゆみやま・たつや）

1963年、奈良県出身。宗教社会学者。東京工業大学リベラルアーツ研究教育院教授／環境・社会理工学院社会・人間科学系教授。日本宗教学会常務理事。公益財団法人国際宗教研究所常務理事など。著書に『スピリチュアリティの社会学』（共編著。世界思想社、2004年）、『天啓のゆくえ―宗教が分派するとき』（日本地域社会研究所、2005年）、『現代における宗教者の育成』（編著。大正大学出版会、2006年）、『いのち・教育・スピリチュアリティ』（共編著。正大学出版会、2009年）、『東日本大震災後の宗教とコミュニティ』（共編

〈執筆者紹介〉

港 千尋（みなと・ちひろ） ※編者

1960年、神奈川県出身。写真家・著述家。多摩美術大学美術学部情報デザイン学科教授。著書に『風景論―変貌する地球と日本の記憶』（中央公論新社、2018年。2019年日本写真協会賞受賞）、『現代色彩論講義―本当の色を求めて』（インスクリプト、2021年）、『写真論―距離・他者・歴史』（中公叢書、2022年）ほか。

平藤喜久子（ひらふじ・きくこ） ※編者

1972年、山形県出身。神話学者。國學院大學神道文化学部神道文化学科教授。著書に『ファシズムと聖なるもの／古代的なるもの』（編著。北海道大学出版会、2020年）、『世界の神様解剖図鑑』（エクスナレッジ、2020年）、『神話の歩き方』（集英社、2022年）ほか。

山中 弘（やまなか・ひろし）

1953年、東京都出身。宗教社会学者。筑波大学名誉教授。著書に『イギリス・メソディズム研究』（ヨルダン社、1990年）、『宗教とツーリズム』（編著。世界思想社、2012年）、『聖地巡礼ツーリズム』（共編著。弘文堂、2014年）、『世界は宗教とこうしてつきあっている』（共編著。弘文堂、2014年）、『現代宗教とスピリチュアル・マーケット』（共編著。弘文堂、2020年）ほか。

伊奈英次（いな・えいじ）

1957年、愛知県出身。写真家。東京綜合写真専門学校校長。著作に『WASTE』（Nazraeli Press、1998年）、『Emperor of Japan』（Nazraeli Press、2008年）ほか。http://inaeiji.com/

※編者・執筆者紹介は、228 ～ 231 ページを参照。

組　　版:キャップス
装丁・本文デザイン:黒岩二三 [Fomalhaut]

〈聖《せい》なるもの〉を撮《と》る
――宗教学者《しゅうきょうがくしゃ》と写真家《しゃしんか》による共創《きょうそう》と対話《たいわ》

2023年 8 月 5 日　第1版第1刷印刷
2023年 8 月15日　第1版第1刷発行

編　者　港 千尋・平藤喜久子
発行者　野澤武史
発行所　株式会社山川出版社
東京都千代田区内神田1－13－13　〒101－0047
電話　03(3293)8131(営業)
03(3293)1802(編集)
印　刷　アベイズム株式会社
製　本　株式会社ブロケード
https://www.yamakawa.co.jp/

ISBN 978-4-634-15236-6